Hans Jürgen Heringer

—

**Unter dem Schleier
des Nichtwissens**

Hans Jürgen Heringer

Unter dem Schleier des Nichtwissens

Bibliographische Information der Deutschen
Nationalbibliothek Die Deutsche Nationalbibliothek
verzeichnet diese
Publikation in der Deutschen Nationalbibliographie;
detaillierte bibliographische Daten sind im Internet über
http://dnb.dnnb.de abrufbar

© Hans Jürgen Heringer 2019
Grafik: Wikimedia Commons und Archiv des Autors

Herstellung und Verlag: BoD - Books on Demand, Norderstedt
Printed in Germany

ISBN 978-3-7504046-8-7

Dieses Buch ist geschrieben
aus der Erinnerung
– aus doppelter Erinnerung.

Ein Vorwort

ist der Ort
zu danken.
Für die eigenen Gedanken?
Der eigenen Frau?
Ja, genau!

Der meinen hat's gestunken.
Sie hat nur abgewunken.
Hast du mich motiviert?
Eher deprimiert.

Wahrscheinlich hast du recht,
Die Reime sind zu schlecht.
Der einsame Schreiber hofft
Zu oft?

Einstimmung

Lutz Geldsetzer
War gewiss kein Schwätzer.
Er war ein Philosoph
Und gar nicht doof.

Er hat die Philosophenwelt
In Versen dargestellt.
Die Welt der Philosophen
In tausend Strophen.

Das war ein harter Job.
Und doch ein Flop?

Selbst als er darniederlag,

Über Gewissheit

Ludwig Wittgenstein

Wenn du weißt, dass hier eine Hand ist,
so gebe ich dir alles Übrige zu.

schrieb der Ludwig jeden Tag.

Wenn z. B. jemand sagt » Ich weiß nicht,
ob da eine Hand ist «, so könnte man
ihm sagen » Schau näher hin «. –
Diese Möglichkeit des Sichüberzeugens
gehört zum Sprachspiel. Ist einer
seiner wesentlichen Züge.

Die Füße sind hier noch nicht dran.
Die schaun wir uns dann später an.

Es ging nicht nur . . .

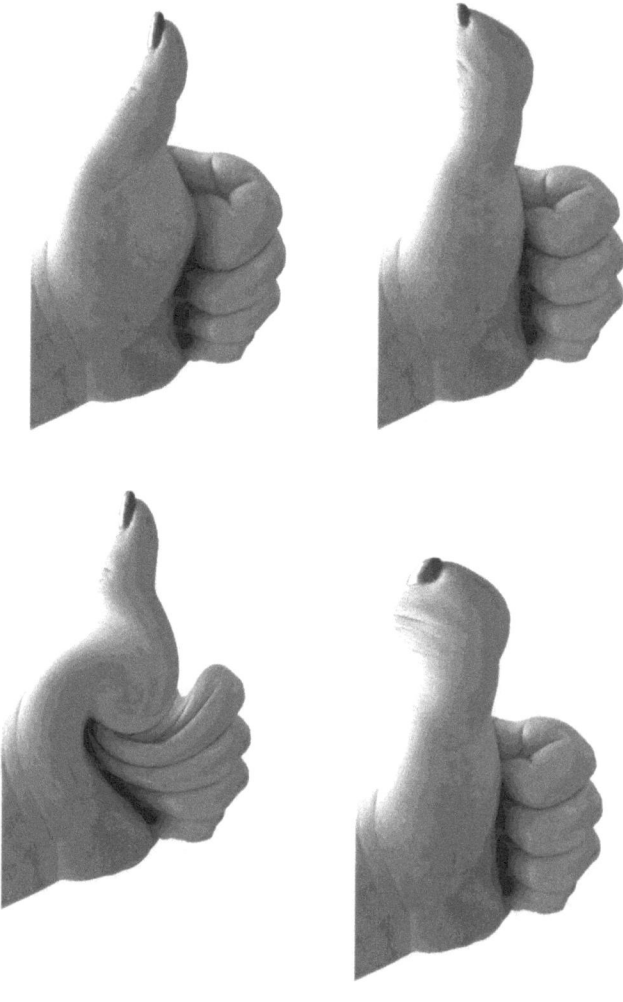

um Sätze von George Moore.

Ist der Satz dir schon bekannt?
Dies ist eine Hand.

Bei dies ist meine Hand
Hast du dich schnell verrannt.
Kein Fake, kein Automat,
Kein Bild, kein Implantat?
Die eigene Hand, du kannst sie spüren.
Du kannst sie sicher, locker führen.

Ist sie nur da, wenn ich sie seh?
– Selbst die abbene Hand tut weh.

Und dieser Schmerz – kein Phantom?
Sondern wirklich ein Symptom?

Hand und Fuß?

Ist das mein Fuß? Als hätte ich grundsätzliche Zweifel! Wird da ein Satz in einem Zusammenhang gebraucht, in dem er wenig zu suchen hat?

Gut aufgehoben wäre er etwa hier:
Ich habe mir den Fuß verstaucht und er ist dick geschwollen.
Was drücke ich da aus? Doch keine Zweifel!

Oder: Ich habe meinen Körper noch gut in Erinnerung. Und da staune ich,
wie mein Fuß gealtert ist.
Ich erkenne mich sozusagen nicht wieder.

Oder: Ich sehe eine Makro-Aufnahme
meines Fußes von unten, wie ich ihn selten sehe,
und ich frage den Fotografen . . .
Ich wusste nicht, dass er so aussieht.

Hand und Fuß!

Dem Ludwig ging's erst nur
Um Widerlegung von George Moore.
Der ist mit seiner Hand
Philosophen wohlbekannt.

Hand und Fuß?

Ich halte dir die Leiter, du steigst mir auf die Hand.
Da spür ich mit Sicherheit:
Es ist meine Hand! – Und eine Hand?

Karl Valentin lässt grüßen (unter der Leiter):

„Aua, aua, geh von meinem Dings
da runter!"

  – „Jo woas?"

„Mir fallt der Name net ei."

Hand und Fuß!

Ging es Ludwig wirklich nur
Um Widerlegung von George Moore?

Natürlich geht es nicht um die Hand.
Wir könnten auch auf die Füße kucken.
Und noch weiter . . .

Wir wollen das Wissen . . .

Was Philosophen sagen,
Würd ich mich gar nicht fragen.
So ein banaler Hände-Satz
Hat im Leben keinen Platz.
Dieser Art Philosophie
Nur Hypertrophie?!

Wissen und denken
Verlangsamt Wissen das Denken?
Manchmal gewiss.
Aber warum dann denken?

Woher weiß ich das? – Jemand hat's gesagt.
Jemand hat mir's gesagt.
Und ich hab's geglaubt.
So weiß ich es nun auch.
So einfach ist das.

. . . ungern vermissen.

Was mein Körper weiß. Und was ich weiß.
Ich weiß, dass ich Bauchweh habe?

Ich habe einfach Bauchweh.
Mit Wissen hat das wenig zu tun.

Jetzt kuck ich mal, checke meinen Kopf,
ob ich vielleicht Kopfweh habe.
Nein! Alles ok!

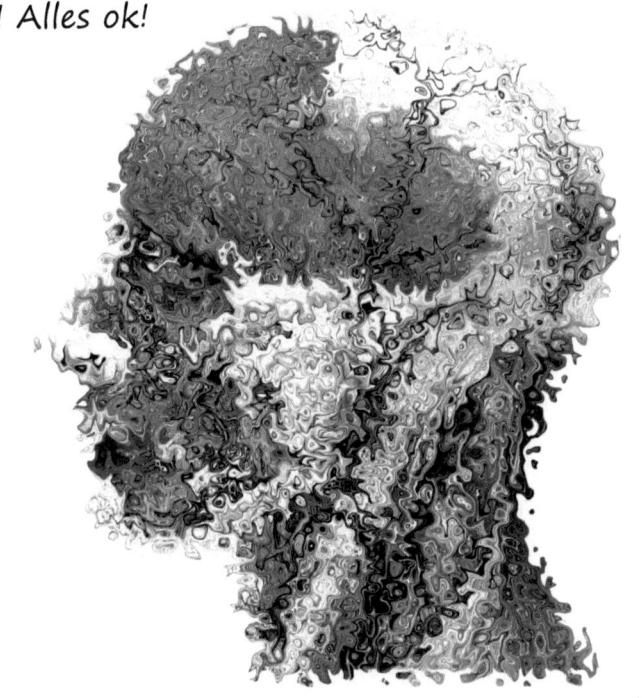

Wo kommt mein Wissen her?

Ab wann hast du gewusst,
Dass du sterben musst?
Weil am Schluss
Jeder sterben muss?

Nur fiktive Gestalten
Müssen sich nicht daran halten.
Doch wer ist fiktiv, wer real?
Der liebe Gott doch allemal.

Ein paar Fingerübungen
ich weiß
du weißt
sie weiß
Was ist denn das, was ich weiß?
Fakten? Bisschen schräg:
Ich weiß diese Fakten? Ich kenne sie!
Und dann: Ich habe geglaubt, dass ich weiß.
Ich weiß, Tüten zu falten?

Wissen transitiv
Ich glaube, du weißt vieles, was ich nicht weiß.
Wenn ich aber weiß, was du weißt,
dann weiß ich es auch.
Ein schönes Spiel.

Das frage ich nicht mehr.

Arbeitsteilung

Ich weiß, dass . . . – und nicht: ob . . .
Ich weiß nicht, ob . . . – und nicht: dass . . .
Du weißt nicht, dass . . . – und weißt nicht: ob . . .
Weiß ich deshalb mehr als du?

Ich sage nur: Du weißt, wenn ich es auch weiß?

sehen und erkennen
erkennen und wissen
wissen und behalten
behalten und vergessen
vergessen und erinnern
erinnern und wissen

Ich gewinne Überzeugungen. Ist das Wissen?
Eine Buchführung: auf der einen Seite,
        was ich weiß,
auf der anderen,
                        was ich glaube.
Wo stehen die Überzeugungen?

Die Proportionen zwischen dem Ich-weiß-dass
und dem Ich-weiß-nicht-ob.

Wir wissen doch alle!

Bestimmte Dinge muss man einfach wissen.
Ich meine, von außen gesehen.
Wir (!) können verlangen, dass jemand das weiß.

Hattest du schon einmal Geburtstag? – Ich weiß nicht.
Was sagst du da? Was tust du da?
> Wann sagt man überhaupt: Ich weiß, dass S?
> Eher, wenn es jemand bezweifelt.
> Oder wenn man gefragt wird.

Wer aber fragt: Weißt du, dass S? Der stellt schon eine eigenartige Frage.
Er signalisiert, dass er es schon weiß. – Und du eher nicht!
Wer etwas wissen will, würde fragen:
Weißt du, ob S?

Ich kann vielleicht glauben, was ich will. Aber ich kann nicht wissen, was ich will.
Wissen ist nicht nur bei mir.
Das Wissen muss geteilt sein.
Allein kann ich nichts wissen.

„Du weißt, dass . . . ", dann weiß ich's auch.
„Du glaubst, dass . . . ", dann kann ich's glauben oder nicht.

Die naive Falle!

Und dennoch: Mein Wissen kann für mich einen ganz anderen Stellenwert haben als das gleiche für dich.
Es hat einen spezifischen Platz
in meinem Wissen,
in meinem Leben, in meiner Person.

Dass ich etwa weiß, wie die PU zustande gekommen sind, hat einen besonderen Platz in meinem Leben, es greift ein in mein Leben,
hat eingegriffen. (Brecht!)

Der Philosoph erzählt
Über digitale Welt:
Er sagt, da gebe es Leute, die mehr über mich wissen als ich selbst.
Er meint, es würden Daten gesammelt, was ich tue, was ich sage. (Besser, was ich getan habe?)

Wer aber weiß alles, was da geschrieben steht?
Und wüsste der dann mehr über mich als ich?
Vielleicht, weil ich Einiges vergessen habe?
Ich weiß über mich alles, was ich weiß. Und das wäre sicher mehr als jeder andere.
Eine andere Frage wäre, was andere über mich gesagt haben. Das könnte da auch gesammelt sein. Sollt ich das alles wissen?

Ob die Grammatik . . .

Grammatik?

Wenn ich sage, du weißt, dass . . . , dann
weiß ich es auch.
Wenn ich sage, du glaubst, dass . . . , dann
glaube ich es eher nicht.
Und von *wissen* ist da gar nicht die Rede.

Im ersten Fall könnte ein Dritter nun sagen:
A glaubt, dass . . . und B glaubt es auch.
Und da ist von *wissen* keine Rede.

Dass ich es dann auch weiß, ist ein bisschen scharf.
Da könnte ich ja nicht so gut sagen:
Du weißt, wie viel Uhr es ist und ich weiß es nicht.
Aber was sage ich da?

Es ist eher so:
Ich sage, du weißt, dass p, dann sage ich auch,
dass p. Also sogar noch etwas schärfer.

Ja, und wenn ich sage, dass p, dann muss ich ja
zumindest glauben, dass p.
Und irgendwie beanspruche ich auch,
es zu wissen. Oder?

Unterscheide: dass-wissen und w-wissen.

. . . beim Denken hilft?

Mehr Grammatik?
Wenn ich sage: Du weißt, dass es so ist,
dann sage ich, dass es so ist.
Oder wenigstens, dass ich glaube, dass es so ist.
Aber nicht, dass ich weiß, dass es so ist.

Zu sagen, dass ich weiß, dass es so ist,
ist anderen Gelegenheiten vorbehalten.

Anders aber: Du glaubst, dass es so ist.
Und ich glaube es auch. Geht das?

Weiß man auch das Implizite?
Sokrates lässt grüßen.

Der alte Sokrates zeigt seinen Partnern, dass sie
gar nicht wissen, was sie glauben.
Ich würd gern mal die Probe machen.
Habe ich eine Seele?

Dann aber auch, dass sie etwas wissen, was sie
nicht wissen.

Wann fing das Wissen an?

Irgendwie steht mein Wissen in einem System.
Ich weiß nicht, dass ich je in Alexandria war.
Aber ich weiß, dass Alexandria in Ägypten liegt,
und in Ägypten war ich noch nie.

Wenn man Bestimmtes weiß, dann sollte man
Anderes auch wissen.
Was aber wäre das Primäre hier?

Eins System? Oder ein Netz? Oder?

Philosophen basteln dran.

Ein Aspekt von Gottes Allmacht ist, dass er alles
direkt tun kann (mit basalen Akten).
Keine Umwege oder Indirektes.
Auch Gottes Allwissen ist direkt,
ohne Inferenz.
Wie aber bei mir? Weiß ich alles,
was p impliziert?
Ich weiß vielleicht, nicht einmal,
was p impliziert.
Und ob ich es dann wissen könnte.
Die Sokratische Trickkiste war, mir zu zeigen, dass
ich es weiß. Ja, aber vorher, wusste ich es da?
Man kann drauf kommen, was drinsteckt.
Man kann es gezeigt bekommen.

Dem Trockenfurz
Ist gar nichts schnurz.
Mangelndes Wissen
Ist für ihn kein Ruhekissen.
Fahndet mit Konsequenz
Nach wahr und Inferenz.
Der Ausdruck des Gesichts
zeigt öfter nur: Er findet nichts.

Wenn aus „Ich weiß, dass S" folgen würde:
„S",
das wäre göttlich!

Wissen ansammeln!

Schau der schöne Eichelhäher!
Ehrlich? Schau ein bisschen näher.
Und?
Der ist doch gar nicht bunt!
Gibt's auch in Schwarzweiß.
Wer weiß?
Brüten beim AKW.
Oh je!

Kann man das so sagen?
Mit einem Ich-weiß-dass redet man von Dreierlei:
1. von einer Person,
2. über etwas in ihr,
3. über etwas außerhalb von ihr (von uns?).

Sagen wir mal: 1 ist unproblematisch.
Aber bei 2 und 3 folgt ein Rattenschwanz.
Wo ist das Etwas in der Person? Im Kopf?
Im Gehirn? In der Seele?
Und in welcher Form?
Als was ist es in der Person? Als Gedanke?
Als Tatsache?
Und was ist es außerhalb? Ein Satz?
Die Bedeutung eines Satzes?

Alles blöde Fragen?

Durch Denken? Oder durch Kucken?

Wer so was weiß, darf sich was drauf einbilden.
Alle zollen ihm Respekt.

Wozu ist Wissen gut?
Ist es gut zu wissen,
dass dein Mann dich betrügt? Warum?
(Ich meine, es zu wissen.)
(Ich meine nicht, dass ich es müsste!)
Ich beneide, die so viel wissen.
. . .

Das Quizz
Ist nicht der Witz.

Eingreifendes Wissen!
Aber Witz hat auch mit wissen zu tun.

Sehnsucht nach Wissen
Sehnst du dich auch?
Wie ich?
Aber wozu?
Was machst du damit?
Nichts, es tut einfach gut.
Vielleicht erzähl ich dir's.

Mit deinem Wissen zufrieden?

Was man nicht finden kann, zu suchen,
Lässt die Ärmsten schon mal fluchen.
Jedoch ist es ein Hochgenuss,
Wenn man gar nichts finden muss.

Was man nicht finden kann, zu suchen,
Lässt die Ärmsten schon mal fluchen.
Es ist jedoch ein Hochgenuss,
Wenn man gar nichts suchen muss.

Was man nicht finden kann, zu suchen,
Lässt dich Ärmsten auch mal fluchen.
Für mich ist es ein Hochgenuss,
Wenn ich gar nichts suchen muss.

Ich seh, wie die Sonne untergeht.
Ich weiß, dass die Erde sich dreht.
Bewegt die Sonne sich?
Oder eher ich?

Muss dieser Reim hier sein?
Den kennt doch jedes Schwein!

Niemals hienieden!

Goethe: Ich sehe, was ich weiß.
Wir stehen in der Galerie vor einem Landschafts-
gemälde. Eine idyllische Landschaft.
Etwas Bukolik.
Als wir etwas näher treten, sehen wir, dass all die
Schäfchen und Wölkchen aufgetragene
Wollfäden, nicht Farbe sind.
Was haben wir vorher gewusst? Und was nun?

Goethe
Ich weiß, was ich sehe.
Ich sehe, was ich weiß.

Hasen-Enten-Kopf
Ich sehe, was ich weiß.
Aber ich sehe es!

Ich schmecke, was ich weiß.
Bei mir oft anders – weil ich nichts weiß?
Ich sehe, was ich weiß.
Ich schmecke, was ich weiß.
Ich tue, was ich weiß.
Ich weiß, was ich tue?

Den Schleier lupfen . . .

Wenn ich a mache, mache ich dann alles, was aus a folgt? – Natürlich nicht.
Ich schließe die Tür ab.
Meine Frau kommt ohne Schlüssel heim und kann nicht rein.
Habe ich sie ausgesperrt?
Natürlich nicht. Aber es könnte sein. Und so viele Betroffene könnten glauben, ich sei wenigstens der Sündenbock.
Wenn ich alles täte, was aus meiner Handlung folgt, dann wäre ich ein Wundertäter – und ein Übeltäter.
Was aber tue ich nicht,
was aus meinen Handlungen folgt?

Was wir noch alles tun, wenn wir dies tun,
das müssten wir wissen.
Tun und Wissen kommen hier zusammen.
Verantwortlich ist man, wenn man es weiß.
Dann hat man es getan.
Was aber weiß man schon?
Manches musst du wissen – als Erwachsener. Du schließt die Tür ab. Du weißt: Im Normalfall kann nur rein, wer einen Schlüssel hat. Du weißt, wer alles Schlüssel hat. Du weißt, wer alles rein kann. Du weißt aber nicht . . .

. . . durch permanentes Zupfen?

Handeln ohne Nachdenken. Ohne Wissen? Das geht nicht.

Ich hebe meinen rechten Arm, da sollte ich dann auch wissen, dass ich den rechten Arm hebe. Und mehr? Muss ich wissen, wie das geht?

In einem gewissen Sinn ja, in einem gewissen Sinn nein.

Dass ich damit den Hitlergruß mache, sollte ich schon wissen. Es gehört dann zu meiner Handlung, zu dem, was ich mache. Da mag es schwammige Grenzen geben, aber im Großen und Ganzen funktioniert das.

Wie weit muss ich aber gehen in der Frage, was ich da so alles mache? Ich könnte den Gruß vorführen, andeuten, könnte ihn ironisch machen und so weiter.

Alles ein bisschen fahrlässig.

Also muss ich versuchen, den Schleier des Unwissens zu lupfen. Was würde von mir verlangt betreffs der Folgen meiner Handlungen? Zu viel? Im BGB kommt das Wort „fahrlässig" etwa 50 mal vor.

Also Vorsicht!

Wer aber feststellt, wie lange ich hätte zuppeln müssen und wie weit . . .

Als sie dann den Grund erfand . . .

Mein Hirn arbeitet wie meine Leber.
Stille Routinen sind die Tonangeber.
Damit treff ich meine Wahl,
Schnell und unbewusst zumal.
Du fragst, warum ich so gewählt.
Erdachte Gründe leicht erzählt.
Ich handle so, na und?
Danach mach ich den Grund.

Wenn ich was tu,
Mach ich mir hinterher den Grund dazu.

unbewusst
schmerzlich
schlagartig
schmerzhaft
vorsätzlich
allmählich
absichtlich
fragmentarisch
intuitiv

Das drängend Gewusste
Wird verdrängt ins Unbewusste.

. . . hatte er Bestand?

Ich war schuld.
Das hätte ich doch wissen müssen!

Ob ich nett bin, entscheide ich nicht frei.
Stimmung und Umgebung sind immer dabei.
Wo's gut riecht, da helfe ich.
Wo es stinkt, da drück ich mich.

Wer wissentlich Unrecht tut,
Fährt vor Gericht nicht gut.
Drum bedenke immer:
Wenn du was weißt, wird's schlimmer.

Als ich den Grund erfand . . .

Gnoti se auton oder wie so geredet wird.
Psychologen und Hirnforscher erklären, was in
unseren Köpfen vorgeht.
Ja, und dann:
„Lernen Sie sich von ganz neuer Seite kennen!"

Ja, was steckt da so drin?
Erstens, es wurde untersucht, wie das Gehirn bei
(allen?) Menschen funktioniert

und zweitens, man hat das auch rausbekommen.

Drittens, wenn es bei allen so funktioniert,
dann funktioniert es auch bei mir so.

Jetzt aber viertens: Wenn ich weiß, wie mein
Gehirn funktioniert, dann weiß ich auch etwas
über mich selbst.

Ok. Ich weiß auch, dass ich zwei Beine hab, einen
verstümmelten süßen kleinen Zeigefinger
mit einem kindlichen Nagel, der seitdem nicht
mehr mitgewachsen ist.

. . . hatte er Bestand!

Das ist natürlich individuell.
Aber sollte das
gemeint sein? Über mich selbst sollte doch wohl
heißen:
Ich als individuelle Person, wie ich mental und
charakterlich gestrickt bin und so weiter.
Dem ist mein Gehirn, vor allem Wissen über mein
Gehirn sehr fremd.
Mehr wissen über mich selbst tue ich wohl, wenn
ich sowas lese und so damit umgehe.

Und du nun?
Wenn du weißt, wie ich damit umgehe?

Erfindung?
Fragst du bei mir an,
Warum ich das getan,
Flugs mach ich dir
Den Grund dafür.
Hättest du gedacht,
Dass man sich's selber glauben macht?

Wann war Wissen . . .

Wissen und handeln
Kann Wissen unser Handeln lenken?
Ja, direkt und schnell.
Das gilt nicht generell.

Spontan handeln
Du hörst etwas und reagierst.
Das geht schnell,
Wenn du nicht reflektierst.
Denn zu viel Denken
Wird dir den Handlungsraum beschränken.

Deine Prognosen
Gehn seltener in die Hosen
Wenn du Vorsicht übst
Und ein *nicht* einfügst.

Willst du wissen, was wahr ist,
Frag einfach einen, der die Wahrheit sagt.
Oder gleich einen Wahrsager.

. . . wahr?

Warum soll
das Wahre besser als das Falsche sein?

Besser falsch als wahr:
Gestern brach ich mir ein Bein.

Ist dir klar,
Zu reden von falsch und wahr,
Macht das Ganze wichtig,
Mehr als falsch und richtig?

Doch wie's da drin aussieht?

Wann hat mein Leben angefangen?
Es ist mir nicht bewusst. Ich habe es nicht bewusst
erlebt.
Wann hat mein bewusstes Erleben angefangen
Ich weiß es nicht.

Das Wissen endet, wo die Erde angefangen hat.
Wer zweifelt, dass es die Erde schon vor 100 Jahren gab, der stellt ein ganzes System in Frage –
und sich selbst.
Dem würden wir das Ich-weiß erst gar nicht
zugestehen.

Auch zweifeln wird gelernt.

Weißt du etwas, von dem du weißt, dass niemand
es weiß – außer dir?
Weißt du etwas, von dem du weißt, dass niemand
es je wissen wird – außer dir?

Lichtenberg und Mauthner: Es denkt in mir.
Und es weiß in mir?

Austin: Orher minds.

Handeln mit Wissen. Handeln ohne Wissen.
Handeln und nicht gewusst haben, dass . . .
Handeln und nicht wissen, dass . . .
Handeln und nicht wissen können, dass . . .

Er konnte gar nicht wissen, dass Hitler kurz danach
den Angriffskrieg beginnen sollte.
Ahnen? Vermuten? Oh ja, was hätte man alles
vermuten können – hinterher.
Sollte ich Vermutungen in mein Handeln
einbeziehen?

www: Wie Wissen wirkt
Es gibt bekannte Psychologen, die untersuchen,
wie Wissen sich auf unser Urteil auswirkt.
Du hast über Chateau Pétrus gelesen.
Jetzt darfst du ihn verkosten und vergleichen
mit einem unscheinbaren. Sicher weißt du,
wie deine Wertung ausfallen wird.
Aber warum?
Und ziehst du Konsequenzen draus?

Du weißt doch. =
Du müsstest eigentlich wissen.

Das hättest du doch . . .

Ja, und wenn's drauf ankommt:
X hätte es wissen müssen, weil
- jeder es weiß,
- jeder Erwachsene es weiß,
- eine normale Person es weiß,
- jede Durchschnittsperson es weiß,
- jeder Richter es weiß,
- alle Prozessbeteiligten es wissen.

Oder warum?

Spürst du's auch?
Dein Wissen ist perfekt.
Nur ab und zu son kleiner Defekt.
Etwas fällt dir grad nicht ein,
Wird schon zu beheben sein.

All die Verdrahtungsfehler,
All die kleinen Löchlein
Was fällt dir dazu ein?
Das verdrängst du eben.
Willst in Ruhe weiterleben.
Dein Wissen ist perfekt.
S. o.

Wissenslöcher merkst du selten.
Nur mal, wenn sich Fragen stellten.
Durch Fragen aktiviert
Werden Lücken schmerzhaft verspürt.

. . . wissen müssen. Claro, aber . . .

terremoto locale
Still und starr ruhet der Gedankensee.
Am Grunde macht die Fliege
ihre letzten Lebenskreise.
Und ihren letzten und versackt.
Doch manchmal bricht der Boden auf.
Dann aktivierst du die Mycele
Die generellen und die individuellen.
Es kommt dir: Werkzeug? – Hammer
Farbe? – rot
Aber auch: Mein Portmonee? – Im Auto!

Wenn eine was erschließen muss,
Dann kommt bei dem korrekten Schluss
Was Neues meist ans Licht.
Doch manches Mal auch nicht.
Und öfter ist's gar Stuss.
> Wer glaubt, dass er schließen müsse,
> Der glaubt an die eigenen Schlüsse.
> Kommt was Neues auch ans Licht?
> Manchmal leider nicht.
> Und öfter sind's gar Stüsse.

Hej, ihr Fans,
Wer will schon Inferenz.
Sie löchert noch und nöcher,
Macht Löcher in die Löcher.

Deine Reime, lieber Hans!

Für Hejo
Die konsistente Person,
Gibt es die schon?
Oder wird es sie je geben?
Nie im Leben!
Nicht mal Kohärenz
Über Inferenz
Wirst du erleben.
So ist das eben.

Woran könnt es liegen,
Dass wir sie nicht kriegen?
Unser Wissen, verstreut und disparat,
Wir haben es niemals ganz parat.
Es logisch in die Reihe bringen
Wird uns niemals ganz gelingen.

     Du musst im Handeln dich beeilen
     Und locker über den Daumen peilen.

Auch Daumenregeln sind nicht frei von Inferenz,
Sie stützen sich auf stille Präferenz.
Sie können garantieren,
Dass wir im Reflektieren
Uns nicht verlieren.

Stimmen oft nicht ganz.

Für Hejo II

Handeln mit Wissen betrifft den Nahbereich.
Ich erkläre es dir gleich:
Wenn du so handeln müsstest,
Als ob du wüsstest,
Was daraus folgt für alle Zeit,
Wär, überhaupt zu handeln, nicht gescheit.
    Darum auch schauen wir gerne
    Nicht in allzu weite Ferne.
    Wie weit du also schauen solltest,
    Ob auch passiert, was du erreichen wolltest?

Verlass dich auf Intuitionen.
Das wird dich vor Zweifeln verschonen.
Die Sicherheit tut uns so gut,
Auch die auf schwachen Füßen ruht.
Auf Intuition verzichten?
Mitnichten!

Stütze deine Intuition
Durch aufmerksame Reflexion.
In Fragen der Moral
Immer und allemal.
Dann hast du Anlass und
Einen pro-tanto-Grund.

Worauf vertrauen?

Da muss Käse unter dem Schrank sein.
Woher weißt du das?
Ich rieche es.
Und wie riecht es?
Ich kann es nicht beschreiben. Aber ich weiß es.

Wer tiefer gräbt,
Wird nicht immer gründig.
Wer Gründe sucht,
Nicht immer fündig.

Der Begründer sucht den Grund.
Er gräbt und gräbt und
Er rennt nur gegen Wände.
Denn das Begründen hat kein Ende.

Hat das Begründen kein Ende?

Es gibt mancherlei, das ich für nicht wahr glaube,
Ohne dass ich es widerlegen könnte,
Herr Popper.

Ist Begründung nicht alles?
Weder für wahr noch für falsch.

Wie weit muss ich, kann ich schauen?

Das Kind – für sie war alles, wie es war.
Wie sie es selbst erlebt hat und
wie sie sich erinnert.
Die Zukunft war sehr kurz.
Ja, schon, wenn sie gegen den Fußball trat,
dann hoffte sie, dass er ins Tor ging. Danach eben.
Wenig kam von außen, nur eben wie es war.

Noch mehr von außen kamen
Die vielen Erziehungsmaßnahmen.

Wenn sie versunken auf dem Randstein
balancierte – das konnte sie – kam Papa schon:
Geh bitte runter.
Da dachte er, er, sie wisse, sie möge es
nicht wieder tun.
Das hatte sie schon verstanden.
Aber sollte sie so weit kucken – und ständig?
Und warum eigentlich?

Schopenhauer
Dass der Irrtum aus dem Schluss
Von der Folge
auf den Grund entstehen muss.

Die asketischen Entweder-Oderer

Beweise sind für das Noch-Nicht.
Nur dafür haben sie Gewicht.
Hängen schwer an mir, oh Graus.
Und manches Mal zum Halse raus.

Beweise sind für das Noch-Nicht.
Nur dafür haben sie Gewicht.
Am Ende stehst du gramgebeugt.
Doch überzeugt!

Die basalen Sätze sichern die basale Welt.
Sind die basalen Sätze die basale Welt?

Manch einer scheut die lange Kette,
Nimmt lieber eine Schlaftablette.

Manch eine fürchtet lange Ketten,
Geht deshalb lieber in die Metten.

Mit dem Beweisen ist es so eine Sache.
Es gibt zu viele Beweismethoden.
Mit unterschiedlichem Ergebnis?

> Erkennen, dass etwas ungewiss ist,
> ist auch Erkenntnisgewinn.

Und die prallen Sowohl-als-Aucher.

Immer wenn S1, dann S2.
und
Immer wenn S2, dann S1.
Das genügt nicht als Begründung.
Vor allem:
Es gibt ja Sätze, die sowieso und immer
wahr sind.

Beweisen mit weil

Du bist hier, weil ich dich hier sehe.
Wenn ich dich sehe, dann bist du da.
Wenn du da bist, dann sehe ich dich?

Das ist eine Amsel, weil der Vogel schwarz ist.
Kein guter Beweis.
1. Nicht alle Amseln sind schwarz.
2. Nicht alle schwarzen Vögel sind Amseln.

Wer etwas weiß,
Braucht keinen Beweis.

Je größer die Entfernung,

Nach 60 Jahren komme ich zum ersten Mal wieder in das Haus, in dem ich als Kind gelebt habe, bis ich fünf Jahre alt war. Ich betrete den Hausgang und sehe die Tapete und den Abschlussstreifen in Augenhöhe eines Fünfjährigen.

Ja, das ist er! Das Muster mit den braunen Streifen ist mir in Erinnerung.

Eine gute Darstellung? Ist mir in Erinnerung?

Ok. Ich erkenne es wieder, ich habe es wenigstens einmal (oder oft) gesehen – auf dem Weg

zum Kellerbunker. Wusste ich es die ganze Zeit, dass es den Streifen gibt, dass er braun und so gemustert war?

Ja, das würden manche so sagen.

Aber ich bin da ganz auf mich gestellt.

Zuerst einmal kenne ich jetzt Déjà-vus. Aber das ist es nicht.

Ich kann immer wieder hinkucken und der Streifen ist da.

Erinnerungen
Die aufkommen
Die hochkommen
Einfach kommen
Wunderbar!
Wunderbar schrecklich!?

Umso unsicherer der Weg.

Ein basaler Satz, einer der sicher ist, sicher wahr.
Das wär so wichtig. Er würde das ganze Gebäude
tragen, so etwas wie ein wahres Axiom. (Eine re-
dundancia in adjecto!)
Das ist auch der Sinn des Begründens.
Irgendwo und irgendwie muss der Satz gestützt
sein durch einen basalen – oder einige basale
(wäre das besser oder schlechter?).
Je länger der Weg vom Satz zum Grund,
umso fragiler seine Wahrheit?
Inferenz ist chronische Unsicherheit –
hab ich irgendwo gelesen.
Aber: Die Arithmetik ist doch sicher, weil die reine
Inferenz. Die Wahrheit der Basissätze wird nicht
bezweifelt, muss es nicht: Es gibt sie einfach nicht.
Oder anders gesagt: Sie wird gesetzt.

Mathematisch ist ganz klar:
Nicht bewiesen ≠ wahr.
Auch was offensichtlich,
Ist darum noch nicht richtig.
Und, was wahr ist, gar,
Gilt nur, wenn beweisbar.
   Das Leben ist nicht axiomatisch.
   Dafür ist es zu dramatisch.
   Ein undurchsichtiges Gespinst,
   Für das du keinen Überblick gewinnst.

Kant: tantum scimus,

Und schon wieder das Wissen.
Wissen, wie es schmerzt,
Woher die Schmerzen kommen
Und wie sie vergehn.
Vielleicht.
> Und schon wieder das Wissen.
> Wissen, wie es sich anfühlt,
> Das vergangene Glück.
> Wie es sich anfühlen könnte,
> Wenn es wiederkommt.
> Vielleicht.

Was weiß ich denn so alles? Das weiß keiner. Denn wie sonst könnte einem was einfallen. Ich meine nicht etwas Neues, sondern etwas, das man schon wusste, also nun weiß, dass man es wusste.

Ja, auch das Neue, was mir einfällt, woher weiß ich, dass ich es nicht schon wusste? Bloß weil mir das nicht einfällt? Ich bilde es mir ein.

Ich habe einen tollen Einfall, schreibe ihn auf.
Vielleicht ist er toll, weil er mir neu ist.
Beim Ordnen der Papiere finde ich nun, dass ich den Einfall offenbar früher schon mal hatte.
Wenigstens habe ich ihn aufgeschrieben.

quantum memoria tenemus.

Es ist vielleicht eine Kunst zu vergessen, dann hat man öfter die Genugtuung, auf was Neues gekommen zu sein.

So richtiges Zutrauen habe ich nicht zu meinem Gedächtnis. Ich hätte schon gern ein Fazit, das ich mir gut merken kann.
Das Fazit muss ja nicht alles sein. Vielleicht fällt damit wieder mehr ein. Was mir da einfällt, könnte schon mal in meinem Gedächtnis gewesen sein und wieder aufblitzen.
Das kann aber nicht mit allem so sein. Denn öfter fällt mir auch was Neues ein – das brauche ich.

Es soll sogar vorgekommen sein,
dass einem etwas einfällt, das man für neu hält
für eine große Gruppe von Menschen,
zum Beispiel Biologen,
gar für die ganze Menschheit.
So ist das natürlich nicht gemeint. Es geht nur um Gesagtes. Ich kuck ja in keinen rein.

Tantum scis, quantum

Auf jeden Fall eine kühne Einbildung.
Ihre Verifikation schaff ich bei mir selber nicht.
Wie gesagt: Wie oft finde ich
in den Vorarbeiten zu diesem Büchlein Zettel,
auf denen exakt das Gleiche steht!
Warum hätte ich es zweimal aufgeschrieben?
Es scheint: Ich wusste es und ich wusste nicht,
dass ich es wusste.

An was alles du dich nicht mehr erinnerst!
Sei getrost! Das Meiste hast du nicht einfach
vergessen.
Du vergisst nur Nicht-Behaltenswertes.
Und was behaltenswert ist, entscheidest du
selbst. – Ja, du erkennst am Nicht-Vergessen,
was behaltenswert ist.
Irgendwie.

Doch manchmal entscheiden auch Andere.

Trostwort
Wer gut vergisst, stößt öfter auf Neues.

magis memoriae tibi opus.

Je mehr vergessen,

umso mehr Platz für Neues.

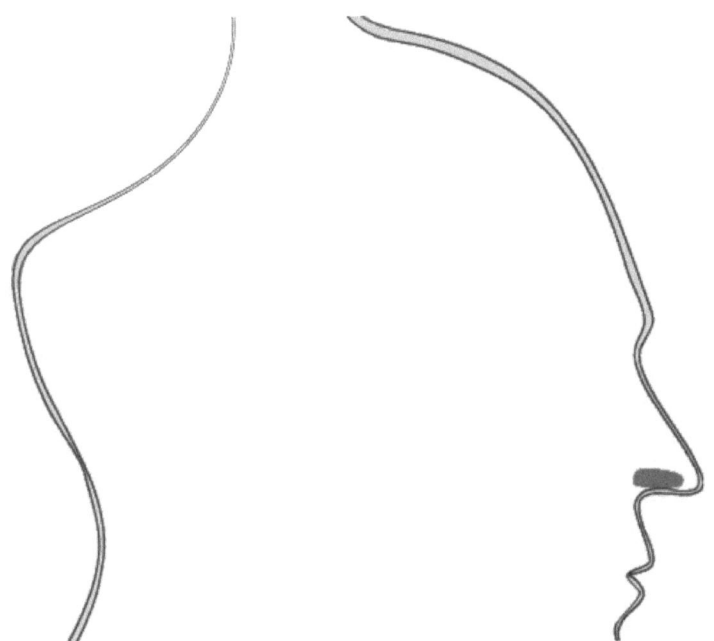

Du kannst mit Beweisen . . .

Hej Mister Dean,
Bist du clean?
Du belastest Mister Nixon schwer.
Doch die Bänder geben Andres her.
War dein Gedächtnis perfekt und intakt.
Oder sind die Bänder gehackt?
Der FBI wirds beweisen!
Ob aber die uns auch bescheißen?

Und du, mein Alter? An was erinnerst du dich?
Weißt du, woran du dich alles erinnerst?
Erinnerst du dich an alles, was du weißt?
Du weißt, so ist es nicht. Es braucht Anstoß.
Wie viel schlummert in dir? Da staunst du.
Gewiss, die Zukunft ist ungewiss.
Und die Vergangenheit gewiss?

Im Gedächtnis meiner Frau
Werden Sachen konserviert,
Die sind gar nicht so passiert.
Sie deutet um und speicherts weg,
Holts später raus für ihren Zweck.

Das Vergessen schafft Raum für Neues.
Nicht ganz Neues.
Das Erinnern schafft Neues.
Nicht ganz Neues.

... die Leute be ...

Rechtfertigung für die Wahrheit von Vergangen-
heitsberichten hast du nur, wenn du es selbst
erlebt hast.
Was aber hast du schon selbst erlebt.

Dann aber – das weißt du:
Das Gedächtnis ist plastisch.
Das Einzige, was die Wahrheit von Vergangenem
rechtfertigt, ist, dass es genügend Menschen gibt,
die der gleichen Meinung sind.
Aber selbst das muss ich nicht verifizieren,
ich glaube es einfach.
Oder ich glaube ein paar Autoritäten.
Bist du anderer Meinung, dann spinnst du eben.

Liebst du Konstanz?
Liebst du einen Popanz.
Plastisch ist die Tradition.
So nährt sie Evolution.
Ganz wie Darwin es gedacht:
Mutiert und selegiert – so wirds gemacht.

Draußen oder drin,

Ich war dabei!
Mein Gedächtnispuzzle
geprägt durch allerlei.
    Ich war beteiligt: Partizipation
    Ich bin der Boden für den Samen: Perzeption
    Ich mach den Plot: Konstruktion
    Ich wähle aus: Selektion
    Ich hol es zurück: Repetition
    Ich pass es an: Adaptation
    Ich stell was um: Inversion
    Ich mach es glatt: Kohäsion
Und was macht der Historiker?

Was ich gerne glauben wollt,
Was Schönes so entsteht,
Wenn das Gedächtnis trollt,
Vagierend sich ergeht.

Wie das Gedächtnis funktioniert,
Dazu hat Freud uns instruiert.
Verdrängung brauchen wir täglich,
Macht das Leben nur erträglich.
Verdrängungsmittel heute
Brauchen alle Leute.
Unwissenheit verdrängen mit Wahrheit,
Mit Realität und Wirklichkeit.
Realität ist das verdrängte Unwissen.

alles nur im Sinn?

Wie der Name sagt,
Der Gedanke ragt
Hoch aus der Tiefe.
Was immer ich abriefe,
Es ist tief eingebrannt,
Wird lebenslang erkannt.
Ein erkennendes Wesen?
Muss ich im Gedächtnis lesen?
Tickst du noch,
Kommt's einfach hoch.

Geistige Gesundheit

Geboren? ––
Datum? ––
Heute? ––
Morgen? – Sonntag.
So ging einst ein ernstes Psychospiel.
Hättest du mitgespielt?
Wenn du die Folgen gewusst hättest?
Wenn dir die Folgen nicht egal wären?

Datum? ––
Wochentag? ––
Sie weiß es nicht.
Ist nicht ganz dicht.
Alter? – 1939
Das sagt der alte Mann,
Der nicht mehr rechnen kann.

Wirr.

Wer ständig sich irrt,
Ist wohl verwirrt.
Wenn ich mich ständig irre,
Bin ich irre.
Drei Irrtümer pro Tag,
Ob das als Irrtum gelten mag?

> Wer ständig sich irrt,
> Ist sicher verwirrt.
> Doch wenn ich mich ständig irre,
> Macht's mich kirre.
> Drei Irrtümer an einem Tage,
> Frag nicht, wie ich das ertrage!

Im Alter lahmt das Denken. Das wissen alle.
Siehst du, wie einer denkt? Wie schnell einer
denkt?
Ein wissenschaftlicher Test ergab:
Um auf Unsinnswörter zu reagieren, brauchen
Alte wesentlich länger als Junge.

So geht es alten Leuten:
Was könnte der Unsinn bedeuten?
Man wird sich schon mal fragen:
Was will die mir denn sagen?
Die Jungen urteilen frisch:
Bullshit oder rubbish!

Und nicht irr?

Was aber ist der Unterschied zwischen Irrtum und Geistesstörung?

Ich weiß.
Und du irrst dich da nicht?
Sicher nicht.
Aber du könntest dich irren?
Sicher!

Sich mal vertun,
In Glaube und Rede,
Das kann jede.

Im Irrtum leben,
Das soll es geben!

Glaube ist Zustand, Irrtum Ereignis!

Vergangenheit?

Das Hörensagen hat eine grundlegende Funktion für die Vergangenheit. Denn die Vergangenheit hat keine unabhängige Existenz.
Vergangen ist vergangen.

Die Vergangenheit wird ständig neu aufgefrischt (neu geschaffen?) in unseren Erzählungen und Berichten. Manchmal werden sogar Berichte neu gedeutet.
So viel Spielraum.
Wichtig:
Was wird von wem als gemeinsam angesehen?

Kollektives Wissen = Was alle wissen?
Oder nur, was alle wissen müssen?
Wer bestimmt denn, was ich wissen sollte?
Wer wohl, was ich wissen wollte?
Mit kollektiv
läuft etwas schief.
Was wissen denn schon alle?
Definitorisch eine Falle!
Mit dem Durchschnitt nur im Kopf
Wärest du ein armer Tropf.
Er wär nicht schwer,
Denn ziemlich leer.
Wüsst ich nur, was jeder weiß.

Ist Gegenwart (des Vergangenen).

Geteiltes Wissen
Können wir nicht missen,
Wenn wir uns verstehen sollen,
Wenn wir uns verstehen wollen.

Ich weiß, du weißt, . . .
Überzogen überaus.
Wie es besser heißt?
Ich setze es voraus . . .

Geteiltes Wissen heißt:
Ich weiß, was du weißt
Und was ich weiß, weißt du.
Dieses Wissen sichert zu,
Dass wir uns verstehen.
Kommunikativ würd sonst nichts gehen.

Ich weiß, was du weißt.
Das bild ich mir nicht ein.
Ich brauche es im Vorhinein.

Der Spiegel weiß, was Merkel weiß.
Sogar, was Merkel will.
Und gar was Merkel nicht vergessen hat.
Alltagssprache?
Eher link und schummelig!

Wissen, das die Welt

Stell dir vor: Die Leute haben früher gewusst, dass die Erde eine Scheibe ist – sorry geglaubt natürlich.

Das glaubst du? Es ist ein stehendes Märchen, das bei uns viele glauben – und die alte Welt entstellen.

Aber es gibt doch Darstellungen, wie Schiffe am Ende der Scheibe runterpurzeln (wohin, sieht man nicht!). Ja, die gibt es.

Hat's einer gemalt, der zugeschaut hat?

Eher Realphantasie.

Und der Betrachter? Hat der Angst bekommen?

Was lange wahr war
Und lange klar wahr,
Wird ausgestopft und verwandelt
Als kurioser Ausrutscher gehandelt.

Red dir den Mund nur fusselig,
Die Menschen bleiben dusselig.
Sie wollen ihn nicht missen,
Den Glauben an das Wissen.

Im Innersten entstellt?

Die tollsten Wahrheiten sind die historischen.
Sie sind oft spannend und öffnen mir die Augen
über das bestehende Jetzt, darüber was Menschen
so getan haben, wozu sie fähig waren, ja sogar,
wie sie entstanden, wir entstanden sind.

Eine schreibt in einem wissenschaftlichen Magazin,
pardon in einem Wissenschaftsmagazin zum
Umgang mit Toten im alten Rom:
Grab und Inschrift waren wichtige Mittel zur
sozialen Repräsentation. Sie bezeugten Macht und
Ansehen der jeweiligen Familie.
Wie ist sie denn darauf gekommen!
Sie hat was gelesen, hat was erschlossen und ist
damit zu diesem Schluss gekommen.

Warum aber darf ich nicht meinen finden?
Das wäre langwierig. Ich müsste ähnlich viel tun
wie die Autorin. – Und dann würde ich zum
gleichen Schluss kommen.
Lächerlich!
Soll ich mich also damit befassen, wie die Autorin
zu ihrem Schluss gekommen sein könnte?

Oder ihr lieber gleich glauben und, dass es in der
Geschichte so wahr.
Vermutest du, wie ich antworte?

Hedge as . . .

So soll es gewesen sein.
Das weist doch schön auf Hörensagen, sozusagen evidentiell gehedgt. Und dennoch: Steckt nicht doch ein Rest des eigentlichen Sollens drin?
Es soll so sein. Wieder ein solcher Zwitter. Hörst du das Modale?
Sogar beim schärferen Modalverb „müssen"
kannst du das Spielchen treiben.
So muss es gewesen sein. Eine Vermutung?
Aber doch auch wieder: eine Vermutung
mit Wahrheitsanspruch.
Es kann doch gar nicht anders gewesen sein.
Nicht wahr?

Stellen wir uns eine Welt von Hedgern vor.
Sie haben einen Superoperator, den sie vor
jede Aussage, vor jede Behauptung stellen.
Der Operator wäre: Ich glaube . . .
Wenn er aber vor jede Aussage käme, dann wäre er trivial, würde überflüssig.
Lassen wir ihn deshalb weg. Wahrscheinlich gäbe es in der Hedgerwelt Sätze, vor die man den Operator nicht stellen würde.
Wir aber sind etwas primitiver. Wir vermengen die beiden Fälle. Tun so, als seien sie gleich.
Und wenn wir den Operator verwenden,
was drücken wir damit aus?

. . . hedge can.

Du redest, als ob du wüsstest.
Ich aber habe hedgen gelernt. Zwar setze ich
nicht vor jeden Satz den Glaub-ich-Operator.
Aber öfter hedge ich. Yes, I am the great hedger.

Manchen ist das ganz verhasst. Ich bekomme
Ratschläge (um sie nicht zu infizieren?):
„Lass das Sozusagen!" Du wirkst nur unsicher.
Das mag sein. Vor allem bei denen, die es nicht
raffen. Hedgen können nur Sichere.
Plustern sich nicht auf, als wüssten sie.
Bleiben bescheiden unter dem Schleier.

Schlimmer noch das Irgendwie. Was wurde darüber nicht alles behauptet. Von Gestörten etwa.
Gestörte Sprachkritiker stören sich oder fühlen
sich irgendwie gestört.
Sagte der Hedger, dass alles irgendwie mit allem
irgendwie zusammenhängt, da wüsste der Sichere
natürlich, wie.
Sagt der Hedger, irgendwie lief alles schief, dann
weiß der Sichere, woher das alles kam.

Und wenn einer meint, es muss ja irgendwie
weitergehen, dann . . .
Das klingt dann irgendwie ganz sicher.

Leg dich nicht fest.

Als das Hedgen begann
Der Hedger – ein Schwächling? Der sich nicht traut sich festzulegen, der nicht zu fassen ist.
Nein, der Hedger als Starker, der sich traut, seine Unsicherheit zuzugeben. Der andre animiert, ihm zu folgen – oder fest und firm zu behaupten.
Um dann im Argumentieren sich wiederzufinden.
Der Hedger legt Köder aus.

> **Hedge as hedge can!**
> Ich will sichres Wissen, hochgradig.
> Hedger machen mir's nur madig.

Drum missfällt mir dieses
Buch, ein mieses.
Auch missfällt mir
Dieses Reflektier!
Solcherlei Gedanken
Bringen mich ins Wanken.
Dies Wanken und Schwanken
Hätt ich ihm zu verdanken.

Herbert Heckmann findet das Irgendwie „selbst in den erhabensten Zusammenhängen, an denen noch nie der Zweifel zu nagen gewagt hat."
So hörte er einen jungen Menschen sagen:
„Irgendwie lebe ich."
Und hat's nicht verstanden

Der Schleier besorgt den Rest.

Kann ich mir meines Wissens sicher sein?
Fundiertes Wissen = Ich bin mir da sicher.
Aber nun: Kann man nachweisen, dass jemand
etwas weiß oder gewusst hat? Beim Nachweis des
Meineids geht es doch wohl gerade darum.
Wie geht das also?
Ein Fall: A hat es gesagt, geäußert. Aber wusste er
es dann? Vielleicht hat er es nur geglaubt.
Wäre das ganz unerheblich?
Hat er es einfach so dahingeplappert?
Das wär schon was Andres.
Hat er damals gelogen?
Das wäre schön kompliziert. Dann hätte er das
Gegenteil geglaubt. Fälschlich?
Wäre das eine gute Verteidigungsstrategie.
Und was hat er eigentlich gesagt?

Unwissend und unsicher?
Durchaus nicht. Durchaus nicht.
Nichtwissen ist so etwas wie Nirwana.
Nur braucht es keine Entrückung.
Es gibt nichts zu sichern, nichts zu richten.

> Alles ist so, wie es ist.
> Alles wird so, wie es eben wird.
> Und alles war so, wie es war.
> **Egal, wie es wirklich war.**

Was wär es . . .

Der Schleier der Erinnerung
Der hochgebildete Johannes
Fried denkt, er kann es.
Son dickes Buch
Eher ein Fluch?
Und sein Latein
Eine Pein?
Im Inhalt ist der Spruch
Natürlich gar kein Fluch.
Hesterni quippi sumus. Etwas verwässert.
Hesterni quippe sumus. Leicht verbessert.
Ohne dramatische Verletzung:
Wir sind Gestrige, in Übersetzung.
Der Sinn ist klar.
Wunderbar!

> Dass wir vom Vergangenen leben.
> Dass wir am Vergangenen kleben.
> Dass ich Vergangenheit bin,
> Das ist der Sinn.

> Ich seh das Ganze radikaler.
> Den Schleier fundamentaler.

Was ist unterm Schleier eigentlich?
Das Wissen oder ich?

. . . das verschleiert würde?

Der Schleier des Unwissens
Du kannst ihn nicht berühren,
Und auch nicht spüren.

Du kannst ihn nicht sehen
Und nicht verstehen,
Wieso wir handeln müssen,
Und, was draus folgt, nicht wissen?

Könnte man den Schleier lüften,
wenn er doch unsichtbar ist?
Wieso eigentlich Schleier?
Was verschleiert der Schleier?
Das Unwissen selbst ist der Schleier.
Er verschleiert das Unwissen.
Lässt uns nicht wissen, was wir nicht wissen.
Aber er ist doch unsichtbar. – Das ist der Trick.
Natürlich weiß ich nicht, was ich nicht weiß.
Ich glaube aber sehr viel.

Präpositional
Leben vor dem Schleier des Unwissens
Hinter dem Schleier?
Unter dem Schleier?
Mit!

Du willst alles wissen?

Schleier verschleiern, sie decken etwas zu,
verheimlichen.
Unser Schleier deckt nichts zu: Er ist unsichtbar.
Wir sind unter ihm geboren, wir leben unter ihm.
Und trotzdem: Ständig wollen wir ihn lüften.
Wir suchen nach Wissen.
Ist die Wahrheit der Schleier des Unwissens?
Mit ihr decken wir unser Unwissen zu.

Schleier
Nur hirnmäßig. Ich seh doch alles um mich herum.
Ich weiß, das ist nicht alles. Ich seh nicht mal den
Schleier.
Alles schleierhaft.

Neuer Blick durch alte Löcher (Lichtenberg)
Der löchrige Schleier. Endlich zerschlissen?
Den Schleier sehen wir nicht. Also auch nicht
die Löcher.
Der Schleier bewegt sich nicht.
Ruhet still und starr.

Der Schlaf, ein Zipfel des Schleiers.
Ich schlafe fest und ich weiß nichts davon.
Ich weiß überhaupt nichts, wenn ich schlafe.
Nicht mal, dass ich schlafe.

Dir hamse wohl ins Hirn geschissen!

Was in mir so schlummert
An Wissen und Know how,
Was öfter in mir wummert,
Ich weiß es nicht genau.

Nur wenn ich es brauch,
Wacht es mal auf
Nützt es mir auch?
Verlass dich nicht drauf!

Warum wohl bleibt viel Wissen still?
Weil keiner es in Frage stellen will?
Das stille Wissen ruht,
Damit es seine Dienste tut.
Es thematisieren
Hieße disturbieren.

Steck deine Wissensziele so hoch,

Dass wir so wenig wissen,
Ist kein Ruhekissen.
Ich bin kein Schaf,
Mir raubt es den Schlaf.
Ich finde es beschissen.

Wo Wissenslücken klaffen,
Da musst du Füllstoff schaffen.
Wo Wissenslücken klaffen,
Musst du da Füllstoff schaffen?

Sind unbemerkte Lücken
Etwa Tücken?
Unbemerkte Lücken
Könnten dich beglücken!

Hat der Tausendfüßler 1000 Füße?
Sicherlich nicht. Es wäre ein Wunder der Natur.
– Die Natur hat doch so viele Wunder vollbracht.
Ja aber: Wie viele hat er denn? Den Namen hat er
von denen, die beim Zählen nicht über die
tausend hinauskamen.
Oder von denen, die zu faul zum Zählen sind.
Ja, das sind wir. Es gibt Fälle, da kommt es gar
nicht so drauf an.
Fangen wahr und wichtig nicht beide
mit dem gleichen Buchstaben an?

Dass du sie nie erreichen kannst.

Was ich nicht weiß. Wie komme ich drauf?
Es stellen sich Fragen. Mir stellen sich Fragen.
Geht also dem Wissen-was-man-nicht-weiß das
Wissen voraus?

Mit Fragen hat das Wissen nicht angefangen,
kann nicht angefangen haben.
Um etwas zu fragen, um sich zu fragen,
braucht man schon Wissen.

Ohne Fragen kein Wissen?
Ohne Wissen keine Fragen!

Schöne Metaphorik?
Fragen stellen sich, sie bauen sich in dir und
vor dir auf.
Die bohrende Frage!
In dir.
Oder in dich!

Unschuldige Fragen.
Die ja-nein-Frage. Doch oft lässt sie kein Nein zu!
Weißt du das etwa nicht?

Unschuldige Fragen.
Wer fragt, lügt nicht.
Ehrlich?

Nix wissen . . .

Alles, was ich weiß, derbröselt langsam.
Aber ich brauche es, ich gebe es nicht auf.
Ich lasse mich nicht ankränkeln.

Derbröselt auch mein Wissen,
Ich möcht es niemals missen.
Machst du es mir mies?
Das fänd ich fies.
Selbst den Glauben
Lass ich mir nicht rauben.

Wer weiß schon,
Was ich wissen musste.
Ich weiß nicht,
Was ich gestern wusste.

Wissen kann zerfallen,
Bei einem wie bei allen.
So viel Wissen ist verweht,
Das ihr niemals wiederseht.
Niemals wiederseht.

. . . ist auch beschissen.

Einsames Wissen
Einer allein kann nichts wissen.
– Außer der liebe Gott.

dein wissen
mein staunen
 . . .
mein wissen
dein wissen
mein dein wissen
unser wissen

Stufen
des Wissens

I know so much more . . .

Ich differenziere für mich.
Bei „ich glaube", wenn ich es sage, meine ich mit:
Ich bin mir nicht sicher.
Bei „ich weiß" sage ich mit: Ich bin mir sicher.
Und es gibt genügend Dinge, bei denen ich mir
sicher bin. Dass ich gestern im Konzert war, weiß
ich mit Sicherheit, obwohl es keiner sonst weiß.
(Ist das der Witz des „Why I know so much more
than you do"?)
Auf jeden Fall habe ich keinen Anlass zu zweifeln,
ob ich das weiß.

> Mein Verhältnis zu S.
> Wenn ich sicher bin, dass S, dann weiß ich es.
> Wenn ich nicht sicher bin, dass S,
> dann glaube ich es.
> Wenn ich es aber fest glaube?

Es sagten einst Philosophen
Und das waren nicht nur die doofen:
Wenn du S wüsstest,
Dass du S glauben müsstest.
Nun weiß seit Grice jeder Linguist,
Dass so nicht mehr zu folgern ist.
Im Philosophenhimmel schlossen die,
Hienieden auf Erden lief das nie.

. . . than you do.

Philosophen sagen schon mal, Wissen sei
gerechtfertigter Glaube. Na ja, es gibt mancherlei,
was ich einfach so glaube. Was ich weiß, ohne es zu
rechtfertigen, gar rechtfertigen zu müssen.
Das ist vielleicht das gewisseste Wissen.
Dass ich Bauchweh habe, weiß ich gewiss. Ich hätte
keine Rechtfertigung für dieses Wissen. Außer man
brächte mich auf die Idee: Phantomschmerz!
Ich weiß es sicher – und dennoch kann ich mich
darin täuschen.

Klassische philosophische Lehre, dass, wer sagt:
„Du weißt S", auch sagt:
„Du glaubst S".
Nun aber: Wenn ich sage: „Du glaubst S",
dann sage ich zugleich „Du weißt es nicht".
Ich halte mich an das kommunikative Prinzip:
Sag das Spezifischste, das Beste,
was du sagen kannst.
Und ich halte mich an das Prinzip, weil ich weiß,
dass auch du dich daran hältst
und mich so verstehst.

Das Objekt des Wissens ist verschieden vom Objekt
des Glaubens. Ersteres eine Tatsache, letzteres eine
Annahme. Etwas Gewusstes und etwas Geglaubtes.
Das scheint aber eher zirkulär.

Die Angst des Übersetzers vor dem Wort.

A thought crossed my mind.
A weight was lifted from my mind.
I changed my mind.
I changed my mind.
I know my own mind.
I'll go out of my mind.
I've changed my mind.
It crossed my mind. [coll.]
It runs in my mind.
My mind is not at ease.
My mind is quite made up.
That blows my mind. [coll.]
The date slipped my mind.
The thought flashed through my mind that . . .
The thought has crossed my mind.
The thought never crossed my mind.
An idea rushed into my mind.
I see it in my mind's eye.
It crosses my mind.
It had flashed across my mind.
It is always on my mind.
It slipped my mind.
It slipped my mind.
It took a load off my mind.
It weighs heavily on my mind.
My mind was spinning.
Nothing was further from my mind than . . .
Something leaps in my mind.
That takes a load off my mind.
That's a weight off my mind.
The thought flashed through my mind that . . .

Armer Austin!

Mir ist etwas eingefallen.
Eine Last wurde von mir genommen.
Ich hab's mir anders überlegt.
Ich habe meine Meinung geändert.
Ich weiß, was ich will.
Ich verliere noch den Verstand.
Ich habe mich anders entschlossen.
Es fiel mir ein.
Es geht mir im Kopf rum.
Ich bin unruhig.
Mein Entschluss steht (fest).
Das finde ich irre. [ugs.]
Das Datum ist mir entfallen.
Mir kam plötzlich der Gedanke, dass . . .
Der Gedanke ist mir schon gekommen.
So etwas liegt mir völlig fern.
Ein Gedanke schoss mir durch den Kopf.
Ich sehe es im Geiste.
Es fällt mir ein.
Der Gedanke ist mir durch den Kopf gegangen.
Es geht mir nicht aus dem Kopf.
Es ist mir entfallen.
Ich habe es verschwitzt. [ugs.]
Mir fiel ein Stein vom Herzen.
Das liegt mir auf der Seele.
Mir schwirrte der Kopf.
Nichts lag mir ferner als . . .
Etwas schießt mir durch den Kopf.
Da fällt mir aber ein Stein vom Herzen.
Mir fällt ein Stein vom Herzen.
Es schoss mir durch den Kopf, dass ..

Wörter . . .

I know German. Und ich kann es. Was soll das?
Heißt „I know" nicht „wissen"?
All diese Wörter leben in verschiedenen
Konstruktionen und da sagen sie Verschiedenes.
(Meist halten wir das gut auseinander.
Beim Philosophieren wirds doch gern vermusselt.)
Und doch: Eine Sprache können hat auch mit
Wissen zu tun.
Wird im Englischen nur ein anderer Aspekt
betont?
Oder haben Anglophone eine andere Auffassung
von Sprache? Oder von sich selbst?
Was muss ich alles wissen,
um Deutsch zu können?
Muss ich wissen
- dass es einen Plural gibt,
- dass es mehrere Sorten Passiv gibt,
- dass es die Subjekt-Prädikat-Kongruenz gibt?

In einem gewissen Sinn doch.
Aber anders formuliert?
Welcher Deutsche kann es so? Weiß das so?

... Sachen.

Peter Bichsel: Das wusste er

Er wusste, dass der Mond um die Erde kreist und dass der Mond kein Gesicht hat, dass das nicht Augen und Nasen sind, sondern Krater und Berge.

Er wusste, dass es Blas-, Streich- und Schlaginstrumente gibt.

Er wusste, dass man Briefe frankieren muss, dass man rechts fahren muss, dass man Fußgängerstreifen benützen muss, dass man Tiere nicht quälen darf. Er wusste, dass man sich zur Begrüßung die Hand gibt, dass man den Hut bei der Begrüßung vom Kopf nimmt.

Er wusste, dass sein Hut aus Haarfilz ist und dass die Haare von Kamelen stammen, dass es einhöckrige und zweihöckrige gibt, dass man die einhöckrigen Dromedare nennt, dass es Kamele in der Sahara gibt und in der Sahara Sand.

Das wusste er.

Wer redet eigentlich von Wissen?

In der Schule, wo es erweitert werden soll. Erst in neuerer Zeit wird im Curriculum unterschieden zwischen dem Know that und dem Know how, dem Wissen und den Fähigkeiten.

Ja und dann, die Wissensgesellschaft!

Was ist das nun wieder?

Wissen wir mehr,

Gemeinwissen: Ja klar, jetzt wissen wir viel mehr als vor 100 Jahren. Was denn so?
Und woher wissen wir das? Weil wir wissen, dass Menschen Sachen geglaubt haben, von denen wir jetzt wissen, dass es so nicht war.
So ist es heute auch noch, hier und anderswo.

Das kollektive Gedächtnis
Ist nichts als Vermächtnis?
Es sammelt ganz naiv
Und macht es kollektiv.
Doch kollektiv – Was soll das sein?
Alles in einen Topf hinein?
Zu meinen, es wüssten alle,
Ist sicher eine Falle.
Mit Metaphern und Konstrukten,
Mit dicken, erdachten Produkten
Müssen wir uns begnügen.
Nahe an Lügen?

Von Ohr zu Munde
Geht die Kunde.
Und dann im Chor
Von Mund zu Ohr.

Ist sie im Ohr mal drin,
Wo geht sie dann hin?

wenn wir wissen, was falsch ist?

Wege des Wissens

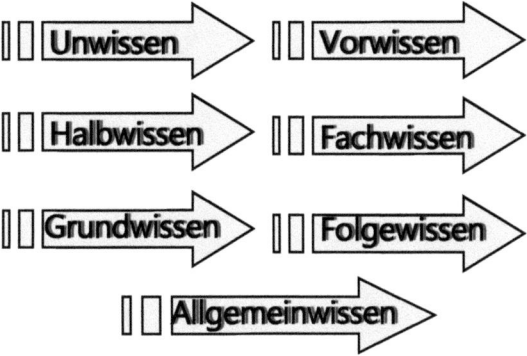

Wie kamen die Menschen zum Wissen?
Glaub nicht, dass sie's erfanden,
Es ist einfach entstanden.
Oder hast du auch gedacht,
Sie hätten die Sprache gemacht?
Die, die sie erfand,
Das war die unsichtbare Hand.

Die unsichtbare Hand,
Ist dir bekannt?
Die Neues schafft
Aus eigner Kraft.
Innovation
Und nicht per Intention!

Der Kreislauf des Wissens?

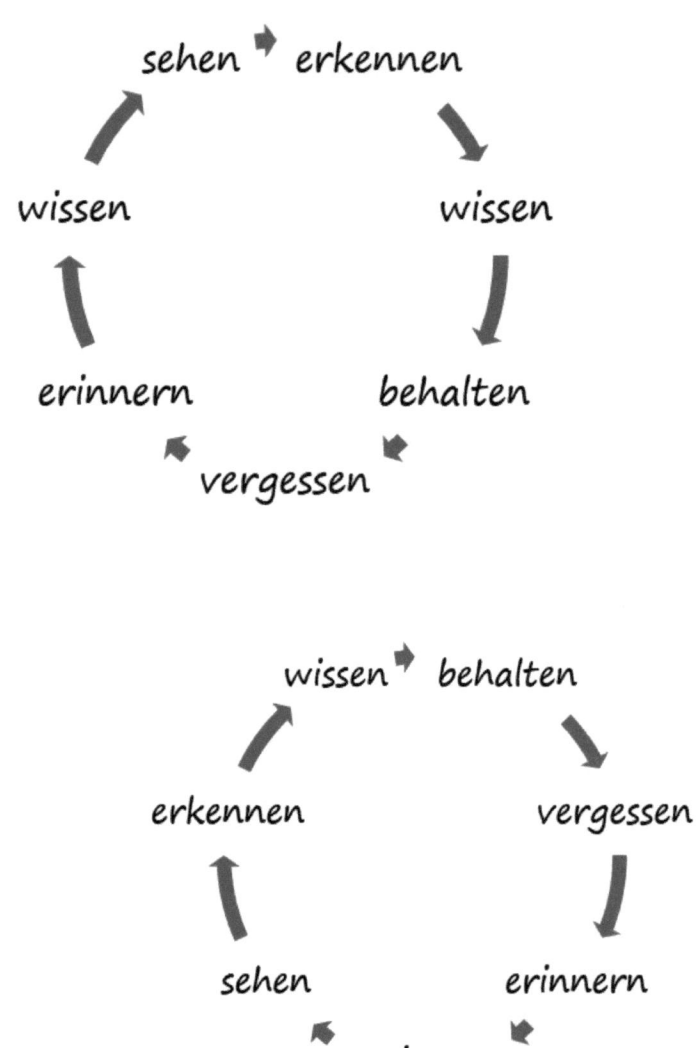

Der Kreislauf des Wissens.

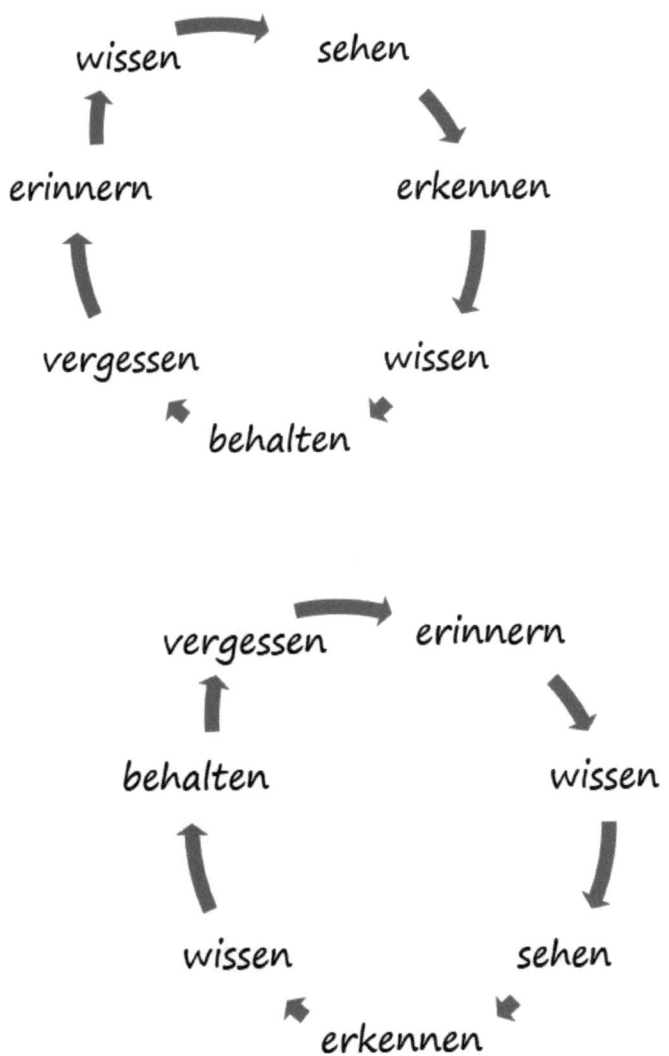

Der Kalender –

So ein großer Philosoph
Ist gewiss nicht doof.
Wenn er vom Anfang des Wissens spricht,
Meint er mit Gewissheit nicht,
Dass es um unser Wissen geht.
Ob sich's um Philosophenwissen dreht?
Wie viel ist welches Wissen wert?
Wie viel ist wissenswert?

Was ich weiß.
The year 1800, longtime gone.
The year 3000 lies in the far future.
    Was ich weiß.
    Das Jahr hat 12 Monate.
    Das Jahr 1800 ist lange vorbei.
    Das Jahr 3411 liegt in ferner Zukunft.

Was jeder weiß.
Das Jahr hat 12 Monate.
Das Jahr 1800 ist lange vorbei.
Das Jahr 3411 liegt in ferner Zukunft.

Ja, das denkst du.
In Afghanistan lebt man so im Jahr 1395.
Im jüdischen Kalender sind wir schon
im sechsten Jahrtausend.

Ein Wissensgeländer.

Du zweifelst an irgendetwas. Wie machst du das?
Kann man es überhaupt machen? Zweifeln und
Zweifel Ausdrücken, das sind zwei Paar Stiefel.

Du zweifelst an irgendetwas, woran Andere nicht
zweifeln. Wie wirkt sich das aus?
Du zweifelst an irgendetwas, woran alle Anderen
nicht zweifeln. Wie wirkt sich das aus?

> All die Zweifel,
> Hol's der Deifel!
> Er sät sie mir
> In Kopf und Herz,
> Darin rumoren
> All die Ferz.
>
> Ja, Fürze sind's,
> Die abgehen und stinken
> Und wie alle Zweifel hinken.
> Eben wie der Teufel hinkt,
> Und laut zum Himmel stinkt.

Der Zweifel sollte ein Türsteher vor dem Saal des
Unsinns sein.
Der Zweifel sollte ein Türsteher vor dem Reich
der Wahrheit sein.
Aber auch Türsteher müssen mal schlafen.

Ich wär so gerne sicher und aller Zweifel bar . . .

Was ist es? – Es gibt kein Wort dafür.

Linguistik mit Wittgensteinschen Zielen,
Das wäre Linguistik.
Philosophie mit linguistischen Mitteln,
Wäre das Philosophie?
Nur keine Scham!

Ein Wissensnest

Nimm ein altes!

Viele Wörter haben ihren Platz
Auch in deinem *wissen*-Schatz.
Lass sie leben in Geschichten,
In Dramen und Gedichten.

Ich weiß, dass mein Fuß auf der Matte steht und
dann weiß ich auch, dass es mein Fuß ist und dass
ich einen haben.
Weiß ich es auch, wenn ich es nicht sage?
Ja klar.
Weiß ich es auch, wenn ich nicht weiß,
was ein Fuß ist oder
was das Wort „Fuß" bedeutet?
Und wie kann ein Franzose das wissen?

Die Beugung des Wissens:
Ich weiß nicht, dass ich es weiß?
Ich wusste nicht, dass ich es weiß?
Ich wüsste nicht, dass ich es weiß.

Wissen, dass S
und
Sagen, dass S.
Wenn ich sage, du weißt, dass S,
Was sage ich denn da?

Kann ich Widersprüchliches . . .

Glauben mit vielleicht und möglich.
Wissen mit sicher.
Wenn man etwas weiß, ist man sich sicher – sagen
manche Philosophen
Ist das so?
„Ich weiß, es ist zehn Uhr, bin mir aber nicht ganz
sicher."
Wäre doch perfekt.

Ein erster Blick

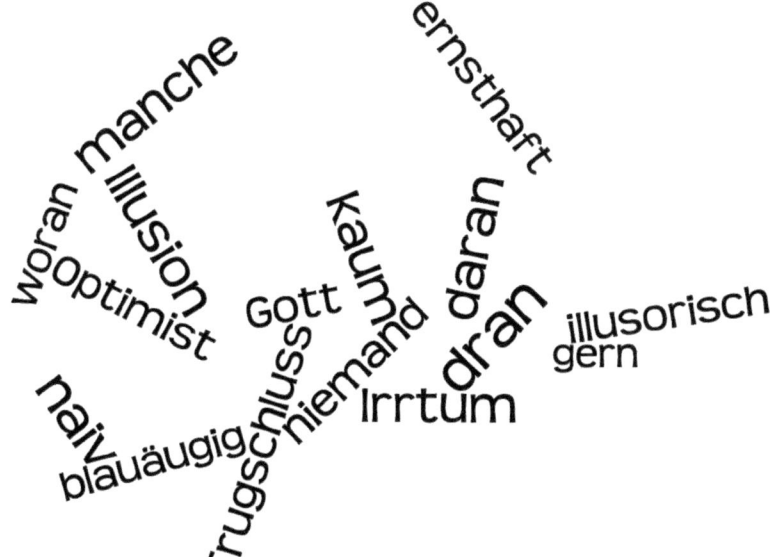

Was gehört in die Mtte?

. . . glauben? Wissen gar?

Und nun: der Widerspruch.
Wenn Satz eins und Satz zwei sich widersprechen, so ist einer von beiden falsch. (Es könnten auch beide falsch sein?)
Nur einer kann wahr sein. Bloß welcher?
Woher weiß man das mit der Inkonsistenz? Es ist die Grenze unseres Wissens. Wer hat sie gezogen?

Franz Werfel:
„Hugo wusste zwar, aber glaubte es nicht, dass er einmal sterben müsse."
Ist das wie Moore:
„It's raining, but I don't believe it."
Wohl nicht ganz. Bei Moore spricht einer selbst.
Da wird es allgemein als paradox gesehen.
Wie ist aber Werfels Hugo zu sehen?

Sokrates: Ich weiß, dass ich nichts weiß.
Na ja, wenigstens das?

Was meint Sokrates mit dem Paradox?

Übrigens, es genügt doch: Ich weiß nichts.

Weiß ich, dass ich weiß, dass S?
Soll man wirklich solche Fragen konstruieren?
Wo hat diese Frage ihre Praxis?

Wissen, das die Welt . . .

Mein Weltbild

Dein Weltbild nur ein Bild der Welt?
Wie wär es, wenn es sie entstellt?
Entdecken könntest du es schwer.
Bis hin zum Gehtnichtmehr.

Welt und Repräsentation der Welt
Die Karte ist das Land.
Das Land ist die Karte.
Wie man es auch dreht, es bleibt immer zweierlei.

Platons Höhle ist die Hölle.

im Innersten entstellt.

Dein Weltbild hast du nicht aus freien Stücken.
Du kannst es nicht sehen, nicht erblicken.
Du kannst es nicht ändern, nicht verbessern.
Du kannst es so auch nicht verwässern.
Unbemerkt entsteht es,
Unbemerkt vergeht es.

Ein Bild, das man nicht sieht,
Ist wie ein Gedanke, der flieht.
Und steckt es wirklich tief in dir,
So sage ich: Dann zeig es mir.
Du kannst es nicht sehen, nicht zeigen.
Es ist im tiefen Sinne dein eigen.

So ists für dich und so für jeden.
Weltbild? Nur eine Art zu reden!

Radikaler Relativismus
Alles ist möglich.
Alles kann wahr und richtig sein.
Ginge das?

Welt und Bild: Wo ist die Differenz?
Beide haben ihre Existenz.
Sind Welt und Bild kommensurabel?
Oder ist die Differenz nur Fabel?

Das Wesen und der Sinn.

Die Realität müssen wir sichern.
Ihre Grenzen müssen verteidigt werden gegen all
das, was es nicht gibt, was nicht existiert.
Was nicht existiert, kann alles Mögliche sein.
Sorry, nicht im eigentlichen Sinn.
Auch das Unmögliche gibt es natürlich nicht.
Einhörner gibt es bekanntlich nicht – aber irgend-
wie doch.
Das Irgendwie ist ein breites Band.
Kribbliger: Für wen es etwas gibt.

Nur eine Realität, keine Relativität.
Es gibt nur die eine, die eigentliche.
Und viele sehen sie nur unterschiedlich,
nur unvollkommen.
Oder alle?
Warum glauben sie dann dran?
Gegen die Andern!
Die Realität ist ein Stachel, mit dem man sich ins
eigene Fleisch stechen kann.

Das Ideal der Realität hat einen hohen
moralischen Wert.
Setzt es doch ein gemeinsam geteiltes Maß.

Et in utopia ego.
Auch ich in Utopien.

Und wie es wirklich ist?

Behauptest du etwas Falsches, dann irrst du oder du lügst. Ein Drittes gibt es nicht?

Am schönsten sind Sätze, die immer und überall wahr sind. Wo gäbe es die?
In der Logik.
Aber sie sagen nichts. Sie sind trivial. Eben darum!
Doch irgendwas sagen sie doch.
Sie sagen, was überhaupt geht – und was nicht.
Der Widerspruch zum Beispiel.

Das hat Martin Luther um 1500 gesagt:
Ja alle Welt hasset die Warheit, wenn sie einen trifft.
Darumb haben solche weise hohe Leute die
Fabeln ertict und lassen ein Thier
mit dem andern reden
Als sollten sie sagen: Wolan, es will niemand
die Warheit hören noch leiden
und man kann doch der Warheit nicht emberen
So wöllen wir sie schmücken
und unter einer lüstigen Lügenfarbe und
lieblichen Fabeln kleiden
Und weil man sie nicht will hören
durch Menschen mund
das man sie doch höre
durch Thierer und Bestien mund.

Bullshit ist . . .

Blech, Bockmist, dummes Zeug und Kappes,
Firlefanz, Gelaber, Kokolores
dümmliches Gerede, Gewäsch und Schmonzes.

Heckmeck, Humbug, Käse, Blödsinn,
Kiki, Kohl, Krampf und Schwachsinn,
Mist, Nonsens, Papperlapapp, Unsinn und Wider-
sinn.

Pillepalle, Pipifax und Mumpitz,
Quark, Quatsch, Scheiß, Schmäh kein Witz.

Schmarrn, Sottisen und Geschwafel,
Stuss, Tinnef, Unfug und Gefasel.

Allein für so ein Wort
Ist hier nicht der Ort.
Ich seh hier schon:
Amoralische Kommunikation.
Mit ihr werd ich dich etwas quälen,
Den Punkt versuchen rauszuschälen.

Ein Glück,
wenn man wenigstens lügen kann.

. . . nicht einfach Mist.

Bullshitter können nicht lügen.
Können trotzdem betrügen.
Glaub nicht, dass sie dahinterstehen,
Was wir Normalen da verstehen.

Moralische vor allen
Sind schon reingefallen,
Wenn sie Bullshit kritisieren
Und als Lüge deklarieren.

Nach Bullshitmoral
Ist alles egal.

Bullshitter machen's nicht zum Spaß:
Sie wollen auch was.

Bullshittern ist alles egal . . .

Semper aliquid haeret

Was ein Bullshitter kommuniziert,
Wird medial multipliziert.
Auch wenn man es für Bullshit hält,
Es ist und bleibt in dieser Welt.

Sogar wenn einer widerspricht,
Wirkt das nicht.
Für Bullshitter ist's gar gut,
Wenn einer widersprechen tut.

Auf Augustinus' Lügenleiter
Da geht's noch eine Stufe weiter.
Da kommt der neue Hit:
Bullshit!

Bullshit aber
Nur Gelaber?
Lügen haben kurze Beine.
Lügner kannst du an den
Hammelbeinen fassen.
Bullshitter haben keine.
Da musst du passen.

. . . der schlimmste Angriff auf Moral.

Der Bullshitter ist der AntiGrice.
Sie kümmert sich weder um Kommunikative
Maximen noch um kommunikative Moral.

Wahrheitssensitiv ist er sowieso nicht.

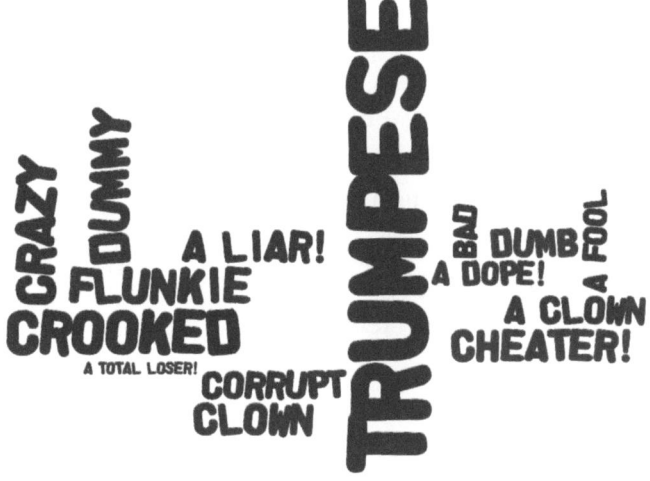

Hast du über den hier gelacht?
Der hat so grausam viel Macht.
Da wird Bullshit ehrlich
Real und saugefährlich!

Mit Bullshittern . . .

Zur echten Bullshitterei
Gehören immer zwei.

Ich würd mir zu denken nicht erlauben,
Dass Bullshitter sagen, was sie glauben.
Fällst du darauf rein,
Wirst du ihm schon aufgesessen sein.

Sagt sich der wahre Bullshitter:
Mir ist egal, was ich da twitter.
Hauptsache, Medien springen drauf
Und viele regen sich auch auf.
Das ist der eigentliche Zweck
Für den medialen Heckmeck.

Die rezeptiven Bullshitter kümmert die Wahrheit
ebenso wenig wie die aktiven.
Sie hören gern, was sie hören wollen.
Sie hören gern, was sie zu wissen glauben.
Bloß nichts Anderes!

. . . kannst du höchstens twittern.

Harry Frankfurts Bullshit-Analyse
Stellt Kritik auf feste Füße.
Ein Exempel für Großtönerei
Steuert der Verlag dann bei.
Mitten auf U4, nicht an den Rändern:
„Dieses Buch wird Ihr Leben verändern."

Ich wär dafür schon offen,
Könnt ich auf Bullshitters Änderung hoffen.

Ballade des Bullshitters

Was soll denn Konsistenz?
Wen kümmert Kohärenz?
Auch die Moral
Ist mir egal.
Ich bin einer, der nur sagt,
Was auch immer dir behagt.
Für uns zwei alleinig
Zählt, dass wir uns einig.

Wirklich wahr?

Was wäre die Welt ohne Wahrheit? Nichts.
Es gäbe sie nicht. Zumindest nicht für uns.
Damit es sie gibt, brauchen wir die Wahrheit.
Damit es uns gibt, brauchen wir die Wahrheit.
Sie ist von dieser Welt. Nur leider gibt es auch das
Falsche in ihr – und auch wieder nicht.
Wirklich paradox.
Jeder falschen Aussage entspricht keine Tatsache.
Darum beschreibt sie nicht die Welt.
Definiert sie aber mit?
Zeigt sie uns nicht die Grenze?

> Der Essenzialist
> Weiß immer, wie es ist.

Wahrheit ist ein kollektives, ein soziales Konstrukt.
Nichts Individuelles.

„Wahrheit ist die Erfindung eines Lügners" lautet
der provokante Slogan von Heinz von Foerster.
Ja, provokant und überzogen.
Schlimmer aber: Eine Erfindung von uns allen.
Darum könnte sie auch nicht als Lüge entlarvt
werden.
Denn dafür gäbe es keine Basis, wenn ihr
der Boden unter den Füßen weggezogen wurde.

Oder nur vorstellbar?

Nochmal Karl-Heinz Förster:
Wahrheit ist die Erfindung eines Lügners.
Schön paradox!
Könntest du lügen ohne Wahrheit?
Könntest du lügen, ohne dass du glaubst,
das Gegenteil sei wahr?
Fundamentalistische Realisten sprechen laut (zu laut? zu unsicher?):
„Die Wirklichkeit ist immer und überall gleich."
Setzt Egon Friedell (ich weiß nicht mehr wo) fort:
– nämlich unbekannt..

Wir wissen doch, was wahr ist. Wenigstens glauben wir zu wissen, was mit Wahrheitsanspruch geäußert wird. Aber leider nicht alles. Dichtung und Wahrheit lässt grüßen. Doch immer wieder wird Fiktionales, fiktional Gedachtes als Wahrheit beansprucht oder als wahr gesehen.
Mehr Grüße von Dichtung und Wahrheit:
Zum „autobiografischen" Roman von Maxim Biller.
Im berüchtigten Esra-Prozess hat das Gericht die wahre Identität der Protagonisten ermittelt und den Realgehalt der Sexszenen festgestellt.
Wir kennen das schon: Die Grenze zwischen Fiktion und Realität ist nicht gezogen.
Doch ständig ziehen wir sie. Warum wohl?
Auch fiction ist in realer Sprache geschrieben.

Was du glaubst,

Was ist das Subjekt des Glaubens?
Personalpronomen und Personenbezeichnungen.
Bei wir glauben, glaubt jeder Einzelne.

Was ist das Objekt des Glaubens?
Grammatiker haben kein Problem
mit der Antwort:
Ich glaube, dass . . .
Ich glaube das.
„dass . . . " und „das" sind Akkusativobjekte.
Also anders formuliert:
Was ist es, was ich glaube?
Ein kleiner Seitenschritt:
Was gewusst wird sind Tatsachen. Und nun?

glauben und glauben an. Das ist doch
grundverschieden. Verschieden?
Aber wir haben doch das gleiche Wort.
Sollte die Präposition es bringen?
Oder der Akkusativ?
Nun aber dies:
Ich glaube, dass = ich glaube daran, dass.
Worin liegt der Unterschied? Natürlich gibt es ihn.
Wozu sonst eine andere Formulierung.
>   Ich überlege grade, ob ich einen Sparvertrag
>   abschließe.
>   Ich glaube grade . . . ?

brauchst du nicht zu wissen.

Ich weiß so viel, das glaube ich.
Wissen und Glauben ergänzen sich.
Was wär der Unterschied der beiden?
Leider, leider schwer zu entscheiden.

Warum spielt einer die 1, 2, 3, 4, 5, 6 im Lotto nicht
gern?
Das Glück ist unregelmäßig.

Zu glauben, dass da etwas ist,
mag unerschütterlich sein.
Wenn auch unbegründbar. Es ist aber nützlich.

Ab wann wird fahrlässiges Glauben zum
Selbstbetrug?

Was ich glaube, bestimmt, wie die Welt aussieht
– für mich.
Würde die Welt erst die Welt, wenn sie so aussieht
für alle? Wäre das realistisch oder Realismus?

Peter Schlehmil
Wusste ziemlich viel.
Er war den Leuten nah,
Die nichts davon wussten,
Sich nicht verstellen mussten.
Was er da alles sah!

Um gut zu lügen . . .

Was ich glaube, bestimmt, wie die Welt aussieht
– für mich.
Würde die Welt erst die Welt,
wenn sie so aussieht
Für alle? Wäre das realistisch oder Realismus?

Glauben und Zukunft

Vorhaben: Was hast du vor? – Ich fahre nach
Teneriffa.
Was ich tun werde, dazu hab ich Vorstellungen
und Absichten.
Was ich glauben werde, das weiß ich eher nicht.

Wie komme ich dazu, zu sagen, was du glaubst.
Nun, du hast gesagt: „Ich glaube, dass S."
So darf ich nun mit Fug und Recht sagen:
„Du glaubst, dass S."
Aber da ist eine Menge Spiel. Eher trivial:
Du hast nicht gelogen.
Ginge auch: Du hast dich nicht getäuscht?
Eher nicht.
Dann aber das S. Vielleicht muss man dran
drehen.
S = du schummelst >> S = ich schummele.
Vielleicht auch >> ich habe geschummelt. Denn
seit der Äußerung ist ja Zeit vergangen.
Was alles dazwischen kommen kann!
Was aufbrechen kann!

musst du Einiges wissen.

Die Eltern glaubten, dass Ludwig die ersten sechs Wochen nicht überleben würde.
Die Eltern glaubten, dass der Autor der PU die ersten sechs Wochen nicht überleben würde.
Klar letzteres konnten sie nicht glauben, weil die PU noch gar nicht geschrieben waren.
Ja und die erste Version. Vielleicht war der Kleine noch gar nicht getauft. Wurde nie getauft?
Hieß er schon so?
Referenz über Köpfe hinweg!
Was ich glaube, was jemand glaubt
– in meinen Worten.
Was hat das Glauben mit Worten zu tun?

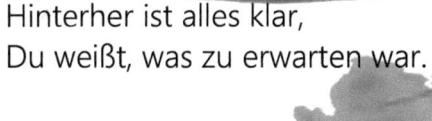

Hinterher ist alles klar,
Du weißt, was zu erwarten war.

Wahres Wissen?

Überwissen

Tische rücken, Tische schweben.
Sind die Leute voll daneben?
Wissen sie, wie das passiert,
Woraus das alles resultiert?
Jeder glaubt, dass er es weiß.
Wie's wirklich ist, macht keinen heiß.
> Solang er fest im Glauben steht,
> Fragt niemand sich, wie all das geht.
> Gerät der Glaube doch in Not,
> Als Joker hilft der liebe Gott.
> Auf ihn sich einen Reim zu machen,
> Reizt aber nicht nur mich zum Lachen.

Wissensklüngel

Arkanisch – hab ich jüngst gelernt –
Ist festes Wissen dreifach gesternt.
Keinem anzuvertauen.
Der würd es nur versauen.
Würd es hinterfragen.
Schwer zu ertragen!
Der Glaube kann Berge versetzen.
Leider auch Menschen verletzen.
Nur verletzen? Mitnichten!
Öfter auch vernichten.

Geheimes Wissen

Gut geeignet: Was man nicht
sehen kann und nie sehen wird.

Und falsches Wissen?

Unwissen

Ist es Wissen, dass man nicht weiß?
Glauben, dass man nicht weiß?
Also wissen, dass man nicht nichts weiß?
Oh je.
Gott hat es besser: Er ist omniszient, allemal.
Und omnipotent, sowieso.
Das haben Götter so an sich.

Cäsar (oder Caesar oder wie?) war ein Gott
– habe ich gelesen.
Aber was für einer?
Der die Sünden vergab, die Welt geschaffen hatte?
Der uns segnete, behütete?
Zu dem sie beteten?
Der den Teufel bekämpfte?
Eher nicht.
Aber was für einer war er?
Cäsar (oder Caesar oder wie?) war ein Gott – habe
ich gelesen. Und weder das noch an ihn geglaubt.

Ich bin fromm.
Auf dass ich in den Himmel komm.
Ich glaube, mit der Bibel
Vermeide ich das Übel.
So hab ich's leicht.
Das reicht.

Ein Geständnis – ein Beweis?

Einst bohrte die Hexe Ameley,
Ein Loch in die Erde.
Darin deponierte sie Lumpen
Und allerhand Dreckszeug.
Sie wollt ein grausam Wetter
Bringen über Land und Vieh.
Das hat sie gestanden.
So wurd's bewiesen.
Und geglaubt??

    Ihr Geständnis war erzwungen.
    Das ist oft genug gelungen.
    Immer wieder wird's gelingen,
    Ein Geständnis zu erzwingen.

    Sie hat es gestanden,
    Auch wenn die Häscher gar nichts fanden.
    Noch mit dem Teufel Sex:
    Brennen muss die Hex!

Was treibt mit dem Teufel die Hex?
Sex! Sex! Sex!
Wer in Häschers Köpfe kuckt,
Erkennt, was hierin spukt.

Keiner glaubt mehr diesen Scheiß.

In unsrer aufgeklärten Zeit
Sind wir gegen sowas gefeit?
     In unsrer Zeit hat's doch erwischt
     Die Hexenschwester Anneli Rischt.
     Es taten aus ihrem Mund
     Dämonen Sauereien kund.
     „Die himmlischen Scheißer sollen wissen:
     Ich kann auf ihren Glauben pissen."
     Judas verkündet keck:
     „Ich hock hier drin, ich geh nicht weg!
     Die supergeile Anneli
     Verlass ich nie!"
          Über drei Wochen
          Tag und Nacht besprochen
          Ohne Trinken, ohne Essen,
          Da waren die Dämonen vergessen.
          Anneli war exorziert
          Dabei leider auch krepiert.

Nur mit Aberglauben nun
Haben wir es hier zu tun.
Was die Leute glauben,
Soll mir den Schlaf nicht rauben.
Ich weiß gewiss,
Es ist Beschiss.
Man hat es ihnen eingebleut.
Die armen Leut!

Das Paradox

Ich glaube es zu kennen.
Superstition würd ich es nennen.
Drum halte ich mich sauber
Und werd kein falscher Glauber.

Ein bisschen wikipedisieren?
Henry Slade wurde besonders in den 1870er
Jahren in Europa bekannt. Er gab vor, ein Medium
zu sein, das den Kontakt zur „vierten Dimension"
herstellen könne.
Besondere Aufmerksamkeit erzielte Slade dadurch,
dass ihm der Astrophysiker Karl Friedrich Zöllner
nach einer 1877 veranstalteten Séance absolute
Echtheit bescheinigte.
Allerdings wurde Slade bereits 1876 von dem englischen Zauberkünstler John Nevil Maskelyne
als Betrüger entlarvt.
Hättest du was Andres erwartet?

Aberglaube und derlei Quatsch.
Ich bin kein Tolpatsch!
Ich halt mich sauber
Und werd kein Aberglauber.
      Doch was ist schon
      Glaube, was Superstition?
      Ich halt mich völlig sauber,
      Bin überhaupt kein Glauber.

Und sein Nutzen

Glauben ist eine Beruhigungspille gegen Zweifel.
Und wissen?

Allerhand praktische Klugheiten
Verbote erlassen und die Strafgelder kassieren.
Verbote erlassen und die Ausnahmegenehmigungen verkaufen.
Das verstößt gegen Gleichbehandlung.
Darum müssen die Ausnahmen sehr teuer sein.
Dem König gehört sowieso alles. Für Privateigentum vergibt er Lizenzen.

Möge der Richter über uns urteilen, den wir selbst bestellt haben.

Mein Geld, das ich dir bezahle, ist mehr wert als deines, das du mir bezahlst.

Mit der Zeit hab ich mir angewöhnt, bei allem,
was gesagt wird, ein „glaub ich" einzufügen.
> Es hat gestern geregnet . . .
> Es wird morgen regnen . . .
Bei allen?
Nein, nur, wo es geht.
> Ich komme dann morgen . . .
> Ich hab ein bisschen Hunger . . .
Nur, gerade da macht man es.

Träume können in Erfüllung gehen?

Das Leben ein Traum.
Das verstehst du gewöhnlich als Übertragung,
eine metaphorische Redeweise mit „Traum".

Wieso eigentlich hält der Gedanke, das Leben sei
ein Traum, ein Gedanke, der in vielerlei Versionen
fiktional realisiert wurde, wieso hält er nicht stand?

Descartes Traum
Für Kinder
Mit dem Zweifel fängt bei Descartes übrigens alles
an . . .
Könnte nicht alles in der Welt
und das eigene Bewusstsein eingeschlossen bloß
ein Traum sein?
Zunächst lautet seine Antwort „Ja!" – vielleicht
träumen wir nur.
Doch selbst wenn wir nur träumen, bleibt etwas
übrig, das wir nicht mehr bestreiten können,
nämlich dass wir träumen.
Wenn wir denken können, dass wir träumen, dann
denken wir – egal ob der Traum „wirklich" oder
„unwirklich" ist.

Auch im Traum kannst du erwachen.

Auch Alpträume?

Als ich im Traum so dachte,
Wie sich die Welt verhält,
Als ich dann erwachte,
War mir schon alles vergällt.

Als ich das erste Mal träumte,
Wars, was ich täglich versäumte.
Nicht nur: Das Leben ein Traum.
Auch: Der Traum ein Leben?
Eben!

Der Traum
Schafft Raum
für realisierbares
Wahres.

Besser wissen . . .

Das Wissensnest

. . . als glauben?

Das Glaubensnest

Wissen . . .

Aufmerksamkeit schenken
Sollten wir auch dem Denken.
Schau hin und du stellst fest:
Du findest *denken* auch im *wissen*-Nest.

Ist wissen nicht ein Denkprodukt?
Nicht, dass man nur selber denkt,
Wissen wird auch von außen gelenkt.

Wissen ist irgendwie einsam,
Gilt aber auch als gemeinsam.
Wir brauchen diese Illusion
Zum Verstehen schon.
Wir müssen es fingieren,
Um gemeinsam zu agieren.

Was ist denken – was?
Ich sage dir, mal dies, mal das.
Den Philosophen fiel gleich ein,
Denken müsste ein Vorgang sein.
Die meisten nehmen sogar an,
Das man es willentlich machen kann.
Wir könnten unser Denken,
Wohin wir wollen, lenken?
Ein Gegenbeispiel wär der Traum.
Den machen wir ja kaum.

. . . das Produkt des Denkens?

Das Denkennest

langfristig lokal
woran wagen
logisch Fähigkeit
handeln
darüber
unwillkürlich
denken
Leute anders
selber
daran Schlaf
global
Aufhören
positiv

Zu denken geben . . .

Fragen, sich die Zeit zu vertreiben

Wer hat dies als erster gedacht?

Denken – ein Automatismus. Denken – ein
Zwang?
Fühlst du dich auch vom Denken tyrannisiert?

Den Atem anhalten. Das Denken anhalten.
Würdest du das merken?

Wenn du nicht denkst, kannst du das nicht
wissen.

Das Denken verhüllt uns die Welt
– hab ich gelesen.

Ich denke so tief.
Aber es kommt nicht an die Oberfläche.

Ein Wunder, dass wir Gedanken ausdrücken
können. Aber müssen wir sie dazu übersetzen?
Aus welcher Quellsprache?

Ist die Oberfläche tiefen Denkens
die Formulierung?

und nach Antwort streben?

Bohren im Schacht tief drinnen und an die Oberfläche mit der Formulierung zwischen den Zähnen.

Für mein Denken hab ich kein Außenkriterium.
Bräuchte ich nicht eins?

Woran denkst du grade – während du dies liest?

Wenn wir ein tolles Kunstwerk sehen, muss der
Schöpfer sich was Tolles gedacht haben
– denken wir.

Kreativität könne man nicht lernen.

Ich male und schau, was es ist. Wie es ist.

Auf ein Ziel hin denken. – Auf welches?

Denken ist schwer zu fassen.
Scheint man kann's tun, aber nicht lassen.
Und denken, du könntest willentlich vergessen,
Ist äußerst vermessen.

Glückstrahlend soll schon mal einer
einen Beweis gefunden haben
– und wusste nicht wofür.

Ich weiß, was ich denke.

Wir könnten unser Denken,
Wohin wir wollen, lenken.
Ein Gegenbeispiel war der Traum.
Den machen wir ja kaum.

Was ich alles kann.
Ich halt den Atem an,
Komm ich auch ans Denken ran?

Ich kann es nicht trimmen,
Kann es nicht bestimmen.
Was wär denn die Instanz,
Die sagt: Ich kann's?
Seit ich auf Erden hier,
Denkt es in mir.

Wer bist du,
Liegst du in der Truh?
Gestorben: Die Nägel wachsen noch.
Mit dem Denken hapert's jedoch.

Tote denken nicht!
Das wusstest du schon.
Doch nur per Definition.

Auch im Traum?

Sind Träume gedacht?
träumen = denken?

Woher weiß ich, was ich geträumt habe?
Und woher, dass –
Und nicht mehr was?

Bringen tiefe Gedanken

Wer vom Denkakt spricht,
Denkt wohl nicht?
Denk mal: Drei mal drei ist zehn!
Wie soll das gehn?

Der Mensch hätt' gern Kontrolle.
Am allerliebsten die volle.
Und doch sag ich dir ungeniert:
Denken bleibt ewig unkontrolliert.

Wer sein Denken stoppt,
War oder wird bekloppt.

Denken und sagen
Wie die beiden sich vertragen?
Denk ich und sag es dann
Oder fängt es mit dem Sagen an?

Wenn wir den Gedanken fassen,
Wird er dann gemacht
Oder nur in Form gebracht?

Was war er dann vorher?

dich ins Wanken?

Etwas Anderes denken, als man sagt.
Da ist wohl von *denken* im Sinn von *glauben* die
Rede.

Was ich dich fragen will:
Denkst du still,
Ist es richtig, dass
Du immer sagen könntest, was?

Wenn du etwas sagst, dann denkst du es auch.
Du musst natürlich nicht alles sagen, was du
denkst.

Aber wenn du sagst, was du gedacht hast,
denkst du es dann zweimal?
Nein, sagen, was du denkst, und sagen,
was du gedacht hast,
ist (oder sind?) zweierlei.

> Die Gebrauchsweisen zu trennen,
> Da kannst du dir den Kopf anrennen.

Bringen tiefe Gedanken

Treibt dich sowas um?
Ist mein Denken mein Eigentum,
Zu fragen ist nicht rühmlich,
Eher eigentümlich.

Sowas kannst du lesen:
Das Denken ist im höchsten Maße
unser Eigentum. (George Steiner)

Das Denken > Dein Denken
Unser > Dein?
Dein > Mein?

„Ich denk, ich bin."
Was ist der Sinn?
Wo treibt's die Philosophen hin?

alles ins Wanken?

Wenn du dir Gedanken machst,
entstehen sie automatisch im Denken?

Kann man Gedanken vergleichen?
– Formulierte schon.
– Aber das sind doch Sätze!

Was im Innern vor sich geht,
Wenn man einen Satz versteht?
Lass es bleiben!
Glaub nicht, du könntest es beschreiben!

Kann ein Gedanke eine Frage sein?

Gedanken fassen und kreieren
Um sie dann zu formulieren?
Lass den Fragestuss,
Dir droht ein Zirkelschluss!

Wenn du Falsches als falsch denkst,
so musst du wenigstens das
als Wahres denken.

Wohin du kuckst . . .

Ansichten
Die eine blickt nach oben
Bemüht, nur Gott zu loben.
Die andre blickt zurück,
Findet sie dort ihr Glück?

Nach vorne schaut der Optimist,
Bis er dort gewesen ist.
Nach unten schaun ist unbeliebt,
Weil's da nicht viel zu sehen gibt.
Wohin wird deine Richtung sein?
In dich hinein?

Weiß ein Realist eigentlich mehr als ich?
Haben Realisten nur mehr Sicherheit?
Aber wieso? Vielleicht, weil sie glauben, mehr
Leute auf ihrer Seite zu haben als die Spinner,
die Idealisten auf der anderen.

Der Realist
Weiß, was ist.
Wie die Welt beschaffen,
Wissen solche Laffen.
> Was wir alle wissen,
> Können wir nicht missen
> Für das Zusammenleben.
> Eben!

. . . das siehst du.

Aussichten

Der eine blickt nach oben
Bemüht, nur Gott zu loben.
Der andre blickt nach vorn,
Erweckt das seinen Zorn?
      Und noch ein andrer blickt nach vorn,
      Erträumt sich einen Doppelkorn.

Nach hinten schaut der Pessimist,
Weil er dort gewesen ist.
Nach unten schaun ist unbeliebt,
Weil's da nur Dreck zu sehen gibt.

Machst du am Schluss die Äuglein zu,
Genieße die himmlische Ruh.

Bestimmt . . .

So spricht der Fatalist,
Dem nicht zu helfen ist?
Gott hat bestimmt
Alles vorbestimmt.
Allwissend kann er sehen:
So wird es weitergehen.

Es meint der Fatalist,
Das nichts zu ändern ist.
Was du auch tust hienieden,
Oben schon vorentschieden.

Was immer wir tun,
Das Buch des Schicksals ist immun.
Es ist schon immer wahr gewesen,
Du musst nicht in dem Wälzer lesen.

Fatalismus allemal
Ist von Anfang an trivial.
Du magst entscheiden, wie du willst,
Weil du nur den Spruch erfüllst.

ist dein Schicksal vorbestimmt??

Wär der Verlauf der Welt
Schon voreingestellt,
Bräuchtest du nichts zu tun,
Könntest dich ewig ausruhn.

Der Blick in die Zukunft
Wer möchte nicht gern wissen,
was künftig geschieht?
Wie die allgemeine und
eigene Zukunft aussieht.

In Momenten wissen wir schon mal, wie es wirklich
weitergeht. Aber nur in ganz kleinen Phasen und
nur, wie es wirklich weitergegangen ist.
Wie es über längere Zeit weitergehen könnte,
denken wir uns auch schon mal aus.
Diesen Blick in die Zukunft brauchen wir.
Wir wollen ja vielleicht, dass es so weitergeht,
wollen handeln.

Déjà-vus erlebst du allemal
Ganz real.
Reflektierend fällt dir ein:
Das kann doch gar nicht sein!
Widerstreitendes Wissen
Unter einem Hut
Tut gar nicht gut.

Kurz vor dem Ende . . .

Ist der Anblick dir bekannt?
Ist auch dieses deine Hand?

Nicht nur, was gewesen
Kannst du hierin lesen.
Gegen alle Vernunft
Zeigt sie deine Zukunft.

Furchen und Spuren der Vergangenheit,
Krankheit, Schmerzen und Leid
Können bei manchen Leuten
In die Zukunft deuten.

Aus alten Falten
Zukunft gestalten.
Mit diesem Kunststück
Findest du dein Glück.

die Rückwärtswende?

Trumpf anlegen
ausgestreckt Finger
Herz erster per Klinke
genommen linke
Hand unsichtbar rechte freien Heftweise
Mund flach
ruhig
gluecklich Waffe

Hannes, lass endlich das Reimen sein!

Ein Philosoph, der reimt,
Ist wie ein Boxer, der schleimt.
Der Inhalt wird entstellt.
Das Denken wird vergällt.

Drum mein lieber Reimer,
Lass es lieber sein.
Denn schnell ist so im Eimer,
Was Tiefsinn könnte sein.

Doch mit ausgelutschten Reimen
Suche ich, dich einzuschleimen.
Ich hoffte, mit den alten
Kannst du alles gut behalten.

Bist du zu intellektuell?
Dann klappt das nicht.
Gell?

Dir fällt ja doch nichts Neues ein.

Kognitives Poesiealbum

Von meinen Geheimnissen
sollst du nichts wissen.

Wissen – ein sanftes Ruhekissen?

Wissen – lass dir sagen –
Wissen erzeugt quälende Fragen.

Unwissen kannst du nicht eigentlich vermissen.

Du kannst ohne Wissen
Gleich die weiße Fahne hissen.

Viel wissen ist kein Ruhekissen.

Was solltest du wissen?
Dass ich dich liebe?
Für immer!
Was musst du wissen?
Dass ich dich liebe.
Für immer?

. . . der Mensch ruht in der Gleichgültigkeit seines
Nichtwissens und gleichsam auf dem Rücken eines
Tigers in Träumen . . . (Friedrich Nietzsche)

Das wusste ich nicht, Herr Salzmann.

Hans Jürgen Heringer im Gespräch mit Thomas Bernhard